数字经济

新经济 新治理 新发展

主编 —————————— 徐晨 吴大华 唐兴伦

经济日报出版社

顾问

康克岩　连玉明　常文松　唐振江　林拥军

主编

徐　晨　吴大华　唐兴伦

副主编

郭　剑　蒋莉莉　唐正繁　肖　燕

编委会委员

蔡　伟　曹　冰　曹　酉　陈海勇　陈学云　高　阳　谷桐宇　郝　建　何　萍　黄亚屏
黄　飞　黄　俐　贾梦嫣　李　成　李　鸿　梁　峰　罗　俊　罗晓斌　罗以洪　马定武
欧阳晓莉　孙　猛　汪　杰　王　飞　王国丽　幺　俊　余红玲　余红旗　赵景泉　赵　亮
张瑞新　郑　钦　郑　志　仲相民　邹　波

（按姓氏拼音顺序排列）

总策划

蒋莉莉

项目负责人

郭　剑　肖　燕

支持单位

贵州省大数据发展管理局
贵阳市大数据发展管理委员会
贵阳市乌当区人民政府
贵州大学贵阳创新驱动发展战略研究院
贵州省社会科学院区域经济研究所
贵州行政学院科学社会主义教研部
贵州省社会科学院"大数据治理学"重点学科
贵州省社会科学院财税研究中心数字经济应用研究实验室
贵州省社会科学院大数据政策法律创新研究中心
北京易华录信息技术股份有限公司
易华录投资管理有限公司
贵州智源信息产业孵化基地有限公司

序言

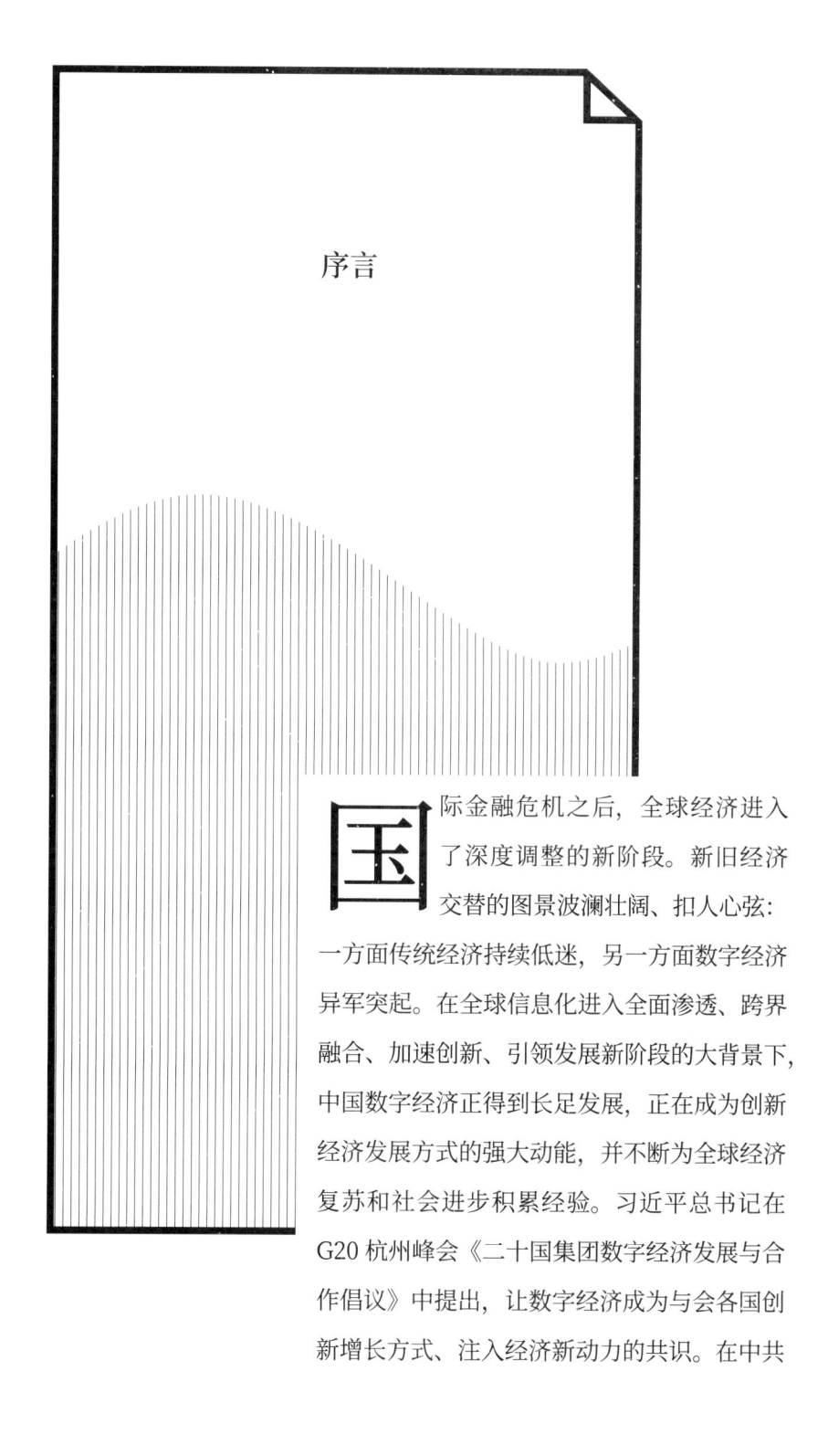

国际金融危机之后,全球经济进入了深度调整的新阶段。新旧经济交替的图景波澜壮阔、扣人心弦:一方面传统经济持续低迷,另一方面数字经济异军突起。在全球信息化进入全面渗透、跨界融合、加速创新、引领发展新阶段的大背景下,中国数字经济正得到长足发展,正在成为创新经济发展方式的强大动能,并不断为全球经济复苏和社会进步积累经验。习近平总书记在G20杭州峰会《二十国集团数字经济发展与合作倡议》中提出,让数字经济成为与会各国创新增长方式、注入经济新动力的共识。在中共中央政治局第三十六次集体学习时，习近平总书记强调要做大做强数字经济，为互联网和实体经济深度融合、拓展经济发展新空间指明了方向，提出"世界经济加速向以网络信息技术产业为重要内容的经济活动转变。我们要把握这一历史契机，以信息化培育新动能，用新动能推动新发展"。

发展数字经济是贯彻"创新、协调、绿色、开放、共享"五大发展理念的集中体现，是推进供给侧结构性改革的重要抓手，是构建信息时代国家竞争新优势的重要力量。贵州省第十二次党代会明确了"决胜脱贫攻坚、同步全面小康、开创多彩贵州新未来"的五年主要奋斗目标，决定实施"大扶贫、大数据、大生态"战略行动，并提出了"实施数字经济倍增计划，精心培育大数据核心业态、关联业态、衍生业态"的要求。贵州经济社会整体发展水平滞后，生态环境脆弱，面临着经济发展与环境保护之间的双重压力。特殊的省情决定贵州必须走出一条有别于东部、不同于西部其他省份的发展之路。贵州以国家大数据综合试验区建设为依托，按照国家明确的试验区建设目标，积极开展七项系统性试验，培植"智慧树"，深挖"钻石矿"，加快建设数据强省，推进大数据在脱贫攻坚、产业发展、政府治理和民生改善等领域的创新应用，为国家大数据战略实施，欠发达地区弯道取直、后发赶超提供了鲜活的实践素材，也为数字经济发展奠定了坚实基础。2017年2月，贵州省发布了《贵州省数字经济发展规划（2017—2020年）》，2017年3月出台了《中共贵州省委贵州省人民政府关于推动数字经济加快发展的意见》，率先提出大力发展资源型、技术性、融合型、服务型"四型"数字经济，将发展数字经济作为实施大数据战略行动、建设国家大数据（贵州）综合试验区的重要方向，这对贯彻落实党中央、国务院加快培育发展数字经济的决策部署，培育贵州省发展新动能、拓展经济发展新空间、促进经济提速转型发展意义重大。

数字经济最重要的是数字技术与三次产业的融合，通过对全产业链、全产品生命周期的融合渗透、改造提升，催生新模式，培育新业态，推动实体经济数字化、智能化转型。数字经济作为新动能，必将引领新的经济增长。技术革命会推动制度革命，数字技术的广泛应用，必将带来政府治理、民生服务的新变革。在贵州大力发展数字经济、推进国家大数据综合试验区建设的关键时期，由徐晨、吴大华、唐兴伦共同主编的《数字经济：新经济 新治理 新发展》问世。本书通过对中国数字经济发展及其政府治理的研究，对数字经济和智慧治理的内涵做出了较为通俗、直观的解释，全面客观地描述了目前中国数字经济发展的基本现状及发展趋势，重点解决了数字经济发展背景下中国政府转型及治理方式转变等问题，为政府治理能力现代化提供了重要的理论参考和实践指导。

综合研读发现，该书具有"三新"：一是选题新。以数字经济为主要研究对象，提出了以"新经济 新治理 新发展"的政府治理新理念，选题与时俱进、富有时代感。二是内容新。该书除了从国家和政府层面分析中国发展数字经济的战略部署和具体举措、大力推动数字内容产业发展的模式及对策等理论探讨外，还重点从大数据与政府智慧治理、大数据政府治理的宏观模式转型和制度构建提出了政府治理的实现途径、保障措施、制度构建等，观点新颖，具有很强的实践应用价值。三是表现形式新。鉴于数字经济和智慧治理较为前沿，既要有一定的理论阐述，又要表现形式灵活、通俗易懂，本书除了到位的理论分析外，又在每一章设有"相关链接"，提供2～3个相关案例，对数字经济相关重要概念作了解析，形象生动，可读性强。本书不仅是行政事业单位工作人员了解数字经济助推政府治理能力提升的重要参考书，也是数字经济的研究人员探讨数字经济理论与实践的重要渠道。相信本书的出版，将进一步丰富贵州省数字经济发展理论探索，促进更多数字经济实践应用，也将为广大读者学习了解数字经济相关理论及实践提供指导借鉴。

是以为序。

马宁宇

贵州省人民政府副秘书长、贵州省大数据发展管理局局长

2017年5月

前言

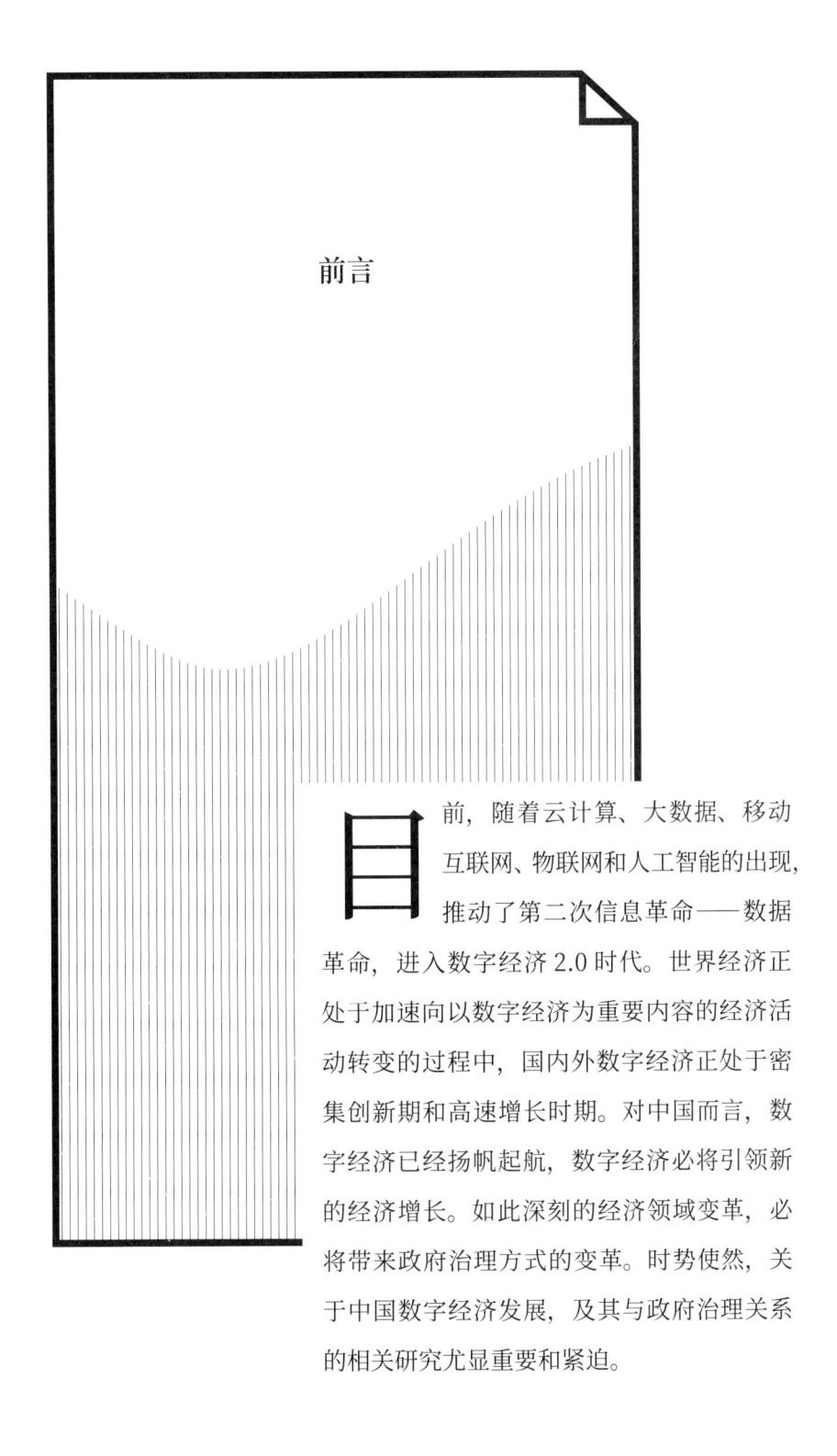

目前,随着云计算、大数据、移动互联网、物联网和人工智能的出现,推动了第二次信息革命——数据革命,进入数字经济2.0时代。世界经济正处于加速向以数字经济为重要内容的经济活动转变的过程中,国内外数字经济正处于密集创新期和高速增长时期。对中国而言,数字经济已经扬帆起航,数字经济必将引领新的经济增长。如此深刻的经济领域变革,必将带来政府治理方式的变革。时势使然,关于中国数字经济发展,及其与政府治理关系的相关研究尤显重要和紧迫。

一、数字经济的前世今生

数字经济并不是当下才出现的时髦"热词"。早在20世纪90年代，数字经济的提法就已经出现。被称为"数字经济之父"的美国经济学家唐·塔普斯科特在20世纪90年代中期出版了一本名为《数字经济》的著作，数字经济的概念进入理论界和学术界的研究视野。继而，曼纽尔·卡斯特的《信息时代：经济、社会与文化》、尼葛洛庞帝的《数字化生存》等著作相继出版，数字经济提法在全世界流行开来。从国家、政府和政府组织层面来说，数字经济的概念也是在20世纪90年代，最早由经济合作和发展组织提出的。此后，西方许多国家开始关注和推进数字经济发展，特别是美国以发展数字经济为口号，大力推动信息产业发展，并缔造了上个世纪末美国的新经济神话。美国的信息产业1990年～2000年平均增长率达到6.47%，是其GDP（国内生产总值）增速的2倍；大量资金投入互联网企业，纳斯达克指数最高飙升到5000多点。

2001年，美国互联网企业纷纷倒闭关门，纳斯达克指数跌至1000点，新经济神话破灭。美国新经济神话的破灭使数字经济发展经历了短暂的低潮，也引起了学界许多学者对数字经济发展的质疑。直到2004年以后，云计算、物联网等信息技术的出现，又将数字经济推向了新的高峰。即使在2008年国际金融危机波及全球经济，并重创传统金融行业的复杂经济形势下，国外苹果、脸谱、谷歌、微软、亚马逊等数字公司基本上毫发无损；国内阿里巴巴、百度、腾讯等数字企业受影响也不大，为我国经济稳定增长作出了贡献。此后，大数据、人工智能、虚拟现实、区块链等技术的兴起为人们带来了希望，世界各国不约而同地将这些新的信息技术作为未来发展的战略重点。今天，数字经济引领创新发展，为经济增长注入新动力已经成为普遍共识。

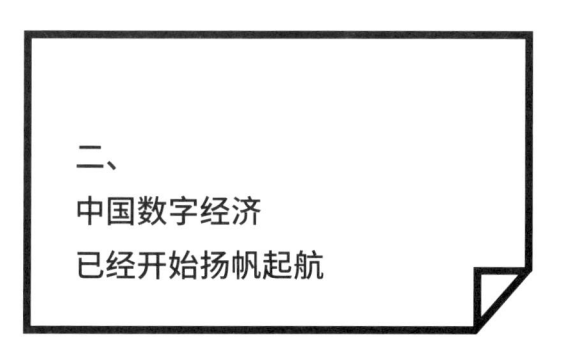

二、中国数字经济已经开始扬帆起航

中国经济在改革开放以来经历了 30 多年的高速增长之后，开始进入增长速度放缓、结构升级和动力转换的新阶段，这一阶段就是我们所讲的新常态。在新常态下，中国经济发展的新动能在哪里，传统产业转型升级的动力牵引是什么，如何培育和激发经济新的增长点，成为人们关注的焦点。

2017 年，十二届全国人大五次会议首次将"数字经济"写入政府工作报告，并强调促进数字经济加快成长，让企业广泛受益、群众普遍受惠。至此，预示着中国数字经济开始扬帆起航，正在引领经济增长从低起点的高速追赶走向高水平稳健超越，供给结构从中低端增量扩能走向中高端供给优化，动力引擎从密集的要素投入走向持续的创新驱动，技术产业从模仿式跟跑并跑走向自主型并跑领跑全面转型，为最终实现经济发展方式的根本性转变提供了强大的引擎。首先，高速泛在的信息基础设施基本形成。截至 2016 年 12 月，我国网民数达到 7.31 亿，互联网普及率达到 53.2%，互联网用户、宽带接入用户规模位居全球第一。第三代移动通信网络（3G）覆盖全国所有乡镇，第四代移动通信网络（4G）商用全面铺开，第五代移动通信网络（5G）研发步入全球领先梯队，网络提速降费行动加快推进。其次，数字经济成为国家经济发展的重要引擎。2008 年以来，中国数字经济的比重迅速提升，2016 年占 GDP 比重达 30.1%，增速高达 16.6%。目前，数字经济正在逐渐成为中国经济稳定增长的主要动力。据 2016 年统计数据，中国数字经济规模达到 22.4 万亿元，占 GDP 比重达到 30.1%，已经超过日本和英国，成为全球第二大数字经济体。凭借后发优势，我国数字经济的增速分别是美国（6.8%）、日本（5.5%）和英国（5.4%）的 2.4 倍、3 倍和 3.1 倍，未来中国在全球数字经济中的比重将进一步提升。第三，数字经济全面渗透到生产生活各个领域。数字经济兼具第一产业的资源型、第二产业的加工性和第三产业的服务型，正在引领传统产业转型升级，促进三次产业数字化融合发展；数字经济开始融入到城乡居民生活，逐步渗透到居民的衣、食、住、行等生活领域；数字经济倒逼政府治理方式转变，要求传统的管理制度和产业政策必须随之改革。第四，数字经济推动经济发展新业态、新模式不断涌现。腾讯、阿里巴巴、百度、京东、滴滴出行跻身全球信息技术企业和互联网企业前列，中国分享经济正在成为全球数字经济发展排头兵，电子商务继续保持良好发展势头，"互联网+"金融、"互联网+"旅游、"互联网+"教育、"互联网+"医疗等新模式不断涌现。

三、数字经济必将引领中国未来经济发展

2016 年 9 月，G20 杭州峰会出炉的《二十国集团数字经济发展与合作倡议》，表明发展数字经济已成为全球共识。过去几十年，数字经

济发展迅猛，在经济发展中的引领和主导作用不断增强。根据麦肯锡公司技术预测，数字经济在 21 世纪上半叶仍将唱主角。

第一，数字经济是社会生产力发展的必然。 马克思强调"主要生产力，即人本身"，也就是说，生产力首先不是物而是人，离开人无所谓生产力。同样，生产力的发展不仅仅指经济的增长和物质财富的增加，同时也包含着人的发展，如人的潜能、个性、价值的发挥和发展。显然，社会发展到信息化时代，人在生产力发展中更具有决定性的意义。

数字经济是化解供给需求困境的理想选择。根据《人类简史》划分，人类目前正处于社会发展的第三阶段，此阶段需求的多样化和分散，导致供给的效率受到挑战。具体表现：从需求来看，数量的维度越来越小（小众），时间的维度越来越短（即时满足），需求挖掘的维度越来越难；从供给来看，分工越来越细（协同成本高），专业化越来越强（沟通成本高），运输（时间、资金）成本越来越高。未来经济发展中的供给需求困境导致企业规模越来越小，存续期越来越短，产能过剩，总需求在增加却无法得到满足等问题。那么，如何破解未来经济发展困境？答案是数字经济一定是将来发展的必由之路。互联网的出现，使得企业规模化地满足人们个性需求成为了一种可能。互联网的低廉的运输成本、信息传输成本，能够实现小众需求。总之，生产力的发展决定了数字经济最终要为个性化需求服务。

新的技术革命必然引发新的经济革命。工业革命也称为第二次工业革命，电力让很多行业发生翻天覆地的变化，电改变了人类生产效率，称为人类进入现代社会的工具，每个行业的工作效率都在有了电力后大幅提升。同样，四通八达的数据信息和互联网引导了第三次工业革命浪潮，尤其是计算机的发明与发展，从根本上改变了经济文化的内涵。但是，互联网的价值虽然远甚于电，但它还是辅助工具，互联网本身的产业化，也是工业革命的产品，而非人类精神文明的进化。理解李克强总理的"互联网+"，需要更开阔的历史人文视野。在一定程度上，"互联网+"

不是简单的"互联网+传统行业"。换言之，并不是说"互联网+传统行业"就等于"互联网+"，它本身所具有的精神高度和满足人类需要的程度决定了"互联网+"的理念。数字经济的发展依托互联网和大数据，但数字经济发展的终极水平，将是无生命的数据在物质文明和精神文明的双高度进行融合、分享、改造和提升。从这个意义上说，"互联网+"就是数字经济的灵魂，"+"不单单是数据产品和互联网所创造的经济价值，而是人类思想领域一种意义深远的精神革命，它渗透在人类生活的各个方面，是未来社会人类灵魂创新造血的骨髓。所以，数字经济时代，人的精神文明构建与需求是纲，大数据的技术与智能发展水平是目，纲举目张。数字经济时代必然改变社会组织结构，改变人的需求，不再以财富为标准。主体不同，界定概念不同，发展就不同。"+互联网"仍停留于"传统业态+互联网"的观念，把互联网视为工具，而"互联网+"传递的信号则是"互联网+各个传统行业"，互联网只是载体，而在数字与互联网架构的基础上创造的满足人的物质与精神的综合需要才是主题。

大数据让数字经济腾飞。数字经济的理想化模式，是大数据的广泛运用并成为生产力的工具。有了大数据，数字经济才会腾飞，正如农耕时代人类发明了农耕和保护农耕的铁器。大数据的一个传统用途，就是让生产力工具有了一个质的飞跃，但是，大数据不是普通意义上的劳动替代和效率叠加，而是人类社会认识自己、改造社会的新起点。正如原始人类有了语言后，从而改变了社会组织结构和劳动分工一样，大数据终极时代必将改变人在理性的精神层面的极大需求，人们不再以财富拥有程度为健康富裕的标准，而是以拥有能驾驭和应用大数据从而实现自我人生和社会价值为光荣。人文层面将在大数据的推动下，彻底改变一个独立的人和人类组织的梦想，因为大数据的精神共享，才是实现国家愿望和个人主流价值观的万能工具。

我们相信，在数字经济高度发达的时期，基于对"大数据"无限提升经济会遇到瓶颈的认知会更加清晰，并且人类会发现拯救人类自身的并不是科学手段，也不是海量的数据，而是自我挽救，在历史和文化多重数据中吸取意识、认知及思维的营养。重塑科学的新高度，对于意识、情感、魂魄、价值观等含糊不清或者直接无法解释的东西，有一个量化的公理，不管是基于数据时代的西方科学，还是基于历史文明的"东方神话"，我们的经济金矿应该在数据的绿洲和沙漠里发掘文明的莫高窟。

第二，中国发展数字经济有着自身独特的优势和有利条件。尽管数字经济在中国发展要晚于西方主要发达国家，但数字经济在中国起步很快且发展势头良好，在多数领域我们的大数据水平开始与发达国家同台竞争，未来在更多的领域更有领先发展的巨大潜力。中国的信息化、智能化和大数据技术正广泛应用于现代经济的活动中，虽然还在探索阶段，但是人工智能已经提高了经济效率、促进了经济结构加速转变。

网民优势孕育了中国数字经济发展的巨大潜能。近几年来，中国的网民规模逐年攀升，互联网普及率稳健增长，网民大国红利开始显现。信息基础设施和信息产品迅速普及，信息技术的赋能效应逐步显现。当每一个网民的消费能力、供给能力、创新能力都进一步提升并发挥作用，数字经济将迎来真正的春天。当前，数字经济发展已从技术创新驱动向应用创新驱动转变，中国的网民优势就显得格外重要。庞大的网民和手机用户群体，使得中国数字经济在众多领域都可以轻易在全球排名中拔得头筹。

后发优势为数字经济提供了跨越式发展的特殊机遇。信息技术创新具有跳跃式发展的特点，为中国数字经济的跨越式发展提供了机会。例如中国的电话网铜线还没有铺设好就迎来了光纤通信时代，固定电话还没有普及就迎来了移动通信时代，固定宽带尚未普及就直接进入了全民移动互联网时代，2G、3G还没普及就直接上了4G。中国数字经济的发展是在工业化任务没有完成的基础上开始的，工业化尚不成熟降低了数字经济发展的路径依赖与制度锁定。但是信息技术应用正在经历跨越式发展，大数据、云计算、物联网等新的配套技术和生产方式开始得到大规模应用。为中国加速完成工业化任务、实现"弯道超车"创造了条件。数字经济的发展，使许多农村地区从农业文明一步跨入信息文明，农民的期盼也从"楼上楼下，电灯电话"变成了"屋里屋外，用上宽带"。此外，信息社会发展水平相对落后为数字经济发展预留了巨大空间。

制度优势为数字经济发展提供了强有力保障。中国发展数字经济的制度优势在于，强有力的政治保障、清晰的发展路线图和完整的政策体系。这为数字经济的发展创造了适宜的政策环境，带动整个中国经济社会向数字经济转变。2014 年，中央网络安全和信息化领导小组的成立标志着中国信息化建设真正上升到了"一把手工程"，信息化领导体制得到建立健全。

四、面对数字经济，中国该怎么办？

经济决定政治，经济领域的深刻变革，必然引起政治、社会、文化各领域的对应变革。新的技术革命引发新的经济革命，数字经济在中国已经扬帆起航。面对数字经济，中国该怎么办？从国家和政府层面讲，中国如何发展数字经济，将面临怎样的战略抉择？政府如何加快转型，积极应对经济社会的转型发展？这一系列问题均是数字经济时代，国家和政府所要面临的重要问题，也是未来中国发展数字将面临的诸多挑战。

自 20 世纪 90 年代数字经济出现以来，其在经济发展中的引领和主导作用不断增强，带来比工业革命更快、更加深刻的社会变革，并且成为支撑未来经济发展的重要动力之一。因此，中国应积极顺应数字经济发展新趋势，通过深入推进国家信息化战略，加快推进国家大数据战略，以加快企业和市场的数字化基础建设；通过加强企业数字化建设、优化互联网市场环境，进一步优化数字经济发展的市场环境。数字经济时代，政府面对新时代课题，必须积极调整产业结构，以提高信息化程度：运用大数据驱动产业创新发展，推动"互联网+"产业跨界发展，加快信息技术产业和数字内容产业发展。数字经济时代，政府还面临弥合数字鸿沟的艰巨任务，具体举措为建设数字政府、实现网络全覆盖、加强信息化教育；同时还要大力倡导大众创业万众创新。

大数据时代的到来，也为政府治理体系和能力带来了新挑战，为推动政府治理模式转型和政府治理能力现代化提供了新途径。大数据时代的政府治理，将是以"开放、分享、平等、协作"的互联网精神为底色，针对传统治理模式的"碎片化"而产生的一种全新的整体性政府治理范式。在大数据时代，政府治理需要利用先进的数据技术对海量、无序的政府业务数据和公众行为数据进行关联化，达成隐性数据向显性化、静态数据向动态化、海量数据向智能化的转化，实现政府决策、政府管理由事后决策转变为事前预警，将数据转化为政府治理能力提升的信息资源，强化政府决策力、执行力和公共服务能力。与此同时，在大数据政府治理的发展进程中，政府作为治理的主导性主体，需要在弥补大数据立法空白、搭建大数据应用平台等多方面同步开展工作，需要做好顶层设计和制度建构，把政府数据开放共享纳入法治轨道，最大程度地激发社会创造活力，以优良的大数据政府治理环境和氛围，助推社会各行各业的创新发展，为政府治理能力的现代化奠定坚实的制度根基。

这本书的策划和创作过程，就是信息技术产业人员与社会科学研究人员的思想交流与碰撞过程。双方不仅就中国数字经济发展、数字经济与政府治理关系等相关领域的前沿问题，进行了系统梳理和深刻总结，澄清了对中国数字经济发展一些模糊的认识,同时针对中国如何发展数字经济、数字经济时代政府如何转型、治理方式如何转变等前瞻性问题进行了深入探讨,力求为广大读者,特别是党政领导干部深化对数字经济及其政府治理的认识,提供较为系统的、通俗的知识,试图为数字经济时代党政干部的思维模式转换、业务能力提升提供帮助。由于专业技术认识与理论研究契合过程中存在客观障碍,书中难免存在诸多不足和问题。在此,谨代表本书编委欢迎广大读者,尤其是各级领导、专业人员及学界人士对本书存在的不足和问题,不吝批评指教!

徐　晨

2017 年 4 月

目录

第一章　数字经济是推动经济发展的新引擎 —————— 006

第一节　发展数字经济的特殊意义 —————————— 009
009 ｜ 一、全球经历数字经济变革
012 ｜ 二、数字经济成为新常态下中国经济发展的新动能
013 ｜ 三、数字经济是引领国家创新战略实施的重要力量

第二节　发展数字经济具有的优势 —————————— 016
016 ｜ 一、网民优势孕育了中国数字经济的巨大潜能
018 ｜ 二、后发优势为数字经济提供了跨越式发展的特殊机遇
020 ｜ 三、制度优势为数字经济发展提供了强有力保障

第三节　数字经济是引领创新战略的重要力量 —————— 021
021 ｜ 一、高速泛在的信息基础设施基本形成
023 ｜ 二、数字经济成为国家经济发展的重要引擎
024 ｜ 三、数字经济在生产生活各个领域全面渗透
026 ｜ 四、数字经济推动新业态与新模式不断涌现
028 ｜ 五、中国数字经济未来的发展

相关链接—— 032
一、案例介绍
案例1：美国的数字经济
案例2：浙江的数字经济
二、概念解析

第二章　数字经济的战略抉择 ——— 040

第一节　基础建设：加快企业和市场的数字化创新步伐 ——— 043
043 ｜ 一、加快企业和市场的数字化基础建设
053 ｜ 二、进一步优化数字经济发展的市场环境

第二节　融合发展：调整产业结构，提高信息化程度 ——— 057
057 ｜ 一、大数据驱动产业创新发展
059 ｜ 二、"互联网+"推动产业融合发展
063 ｜ 三、加快信息技术产业和数字内容产业发展

第三节　共享参与：弥合数字鸿沟，平衡数字资源 ——— 065
065 ｜ 一、弥合数字鸿沟，平衡数字资源
069 ｜ 二、大力倡导大众创业、万众创新

相关链接 ——— 075
一、案例介绍
案例1：澳大利亚的国家数字经济战略
案例2：北京依靠创新驱动数字经济发展
二、概念解析

第三章　大力推动数字内容产业发展 ——— 082

第一节　数字内容产业的发展现状 ——— 085
085 ｜ 一、中国数字内容产业整体发展状况
089 ｜ 二、中国西部地区数字内容产业的发展现状

第二节　数字内容产业的发展战略 —— 092

092 | 一、做好产业规划
094 | 二、加强管理部门间协调和发展产业集群
095 | 三、优化产业发展的市场环境
096 | 四、加强市场监管和标准体系建设
096 | 五、加强产业引导及服务体系建设
097 | 六、建立健全产业投融资体系
098 | 七、推进媒体机构改革
098 | 八、完善数字内容人才培养机制

第三节　数字内容产业的经营发展模式及政策 —— 099

099 | 一、数字内容产业的经营发展模式
105 | 二、推动数字内容发展的产业政策

相关链接——108

一、案例介绍

案例1：中国台湾数字内容产业

案例2：美国数字出版的产业形态与商业模式

二、概念解析

第四章　大数据与政府智慧治理 —— 116

第一节　政府治理走向智慧治理 —— 119

119 | 一、大数据时代对政府治理的影响
122 | 二、大数据时代政府治理能力建设的机遇
123 | 三、大数据时代政府治理走向智慧治理

第二节　政府智慧治理的重点任务 —————————— 126

126 | 一、智慧决策

128 | 二、多元协作

129 | 三、智慧服务

131 | 四、智慧监管

132 | 五、智慧应急

第三节　政府智慧治理的实现途径和保障措施 —————— 134

134 | 一、政府智慧治理的实现途径

138 | 二、保障措施

相关链接 —— 141

一、案例介绍

案例1：新加坡打造智慧国

案例2：杭州上城区创建智慧城市

二、概念解析

第五章　**大数据政府治理宏观模式转型和制度构建** —— 148

第一节　大数据政府治理的现状 ————————————— 151

151 | 一、大数据政府治理的规划

153 | 二、大数据政府治理发展成效

第二节　大数据政府治理的宏观模式转型 ———————— 156

156 | 一、培育大数据思维和理念，推进政府治理文化转型

158 | 二、利用大数据的共享特性，推进政府治理流程重塑

161 | 三、做好大数据的实际运用，推进政府治理效能提升

第三节　大数据政府治理的制度构建 ———————————— **165**

165 | 一、做好大数据政策顶层设计，统筹政府治理能力

166 | 二、规范数据共享机制，发挥大数据政府治理效能

169 | 三、构建数据管理制度体系，推进大数据政府治理规范化

相关链接 —— 175

一、案例介绍

案例1：韩国的大数据政府治理实践

案例2：美国政府数据开放共享的合作模式

二、概念解析

附录一
"贵州数字经济发展与应用"研讨会发言稿摘录 ———————— **185**

附录二
"数字时代 如何拓展经济发展新空间"论坛发言稿摘录 ———— **205**

附录三
《贵州省数字经济发展规划（2017—2020年）》摘录 ———————— **235**

后　记 ————————————————————————— **245**

随着信息和通信技术的发展，数字经济异军突起，已成为全球经济社会发展的重要推动力。数字经济的快速发展及其新产生的巨大活力，使得各国政府意识到数字经济的发展对于推动本国和地区经济社会发展的重要作用和意义，纷纷开始关注数字经济的发展，并将数字经济作为推动经济发展的新动力、新引擎。发展数字经济对中国具有特殊意义，因为数字经济成为新常态下中国经济发展的新动能，数字经济是引领国家创新战略实施的重要力量。中国发展数字经济有自身的特殊优势，包括网民优势孕育了中国数字经济的巨大潜能，后发优势为数字经济提供了跨越式发展的特殊机遇，制度优势为数字经济发展提供了强有力保障。数字经济是引领创新战略的重要力量，表现在高速泛在的信息基础设施基本形成，数字经济成为国家经济发展的重要引擎，数字经济在生产生活各个领域全面渗透，数字经济推动新业态与新模式不断涌现。总之，中国数字经济发展有着美好的前景。

第一章

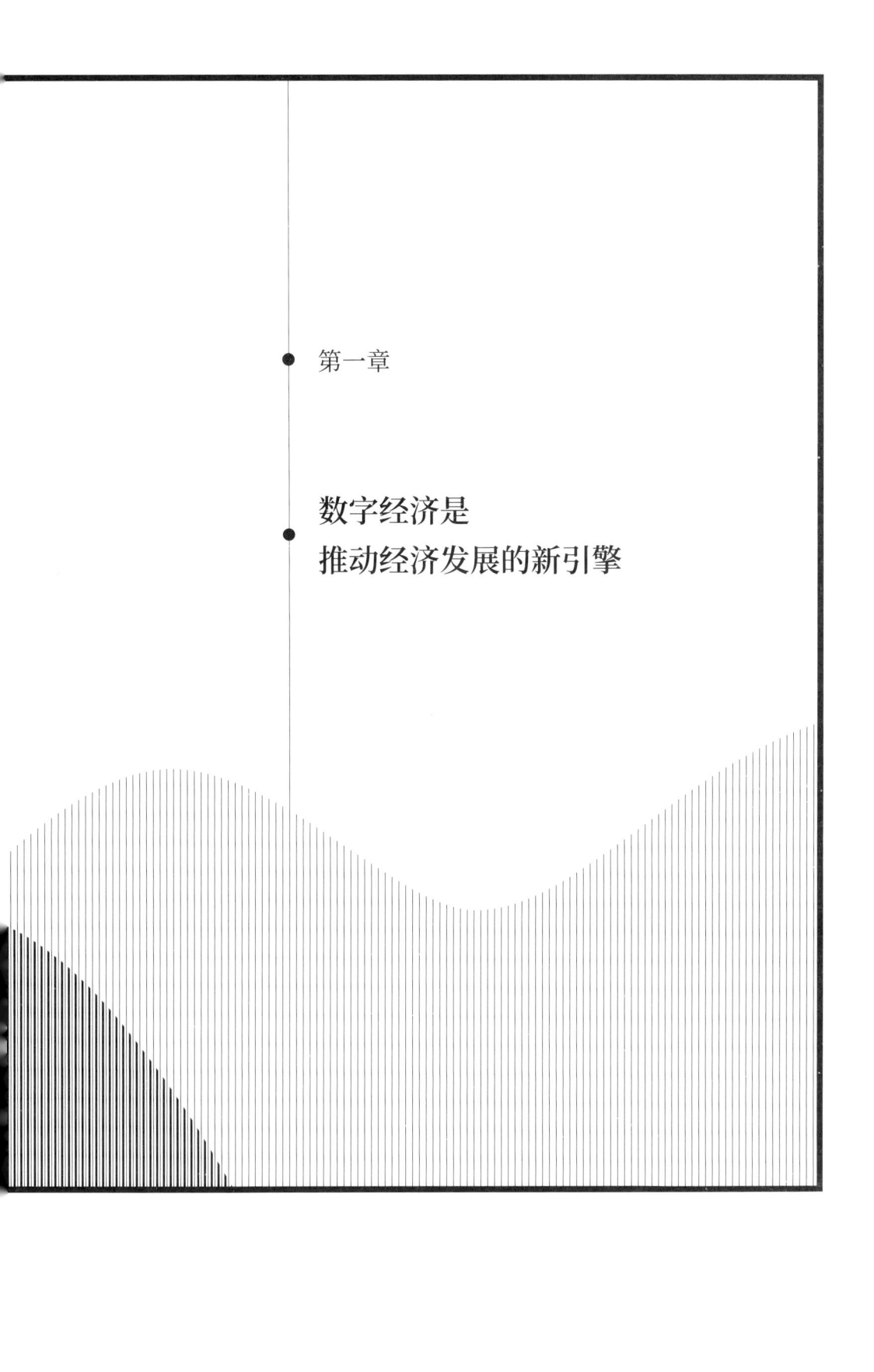

数字经济是
推动经济发展的新引擎

第一节
发展数字经济的特殊意义

数字经济的迅猛发展深刻地改变了人们生活、工作和学习的方式，并在传统媒体、商务、公共关系、电影电视、出版、娱乐等众多领域引发深刻变革。发展数字经济正成为信息时代的最强音，对中国而言更具有特殊意义。

一、全球经历数字经济变革

以计算机、网络和通信等为代表的现代信息革命催生了数字经济。数字经济似乎并没有产生任何有形产品，但它可以辅助设计、跟踪库存、完成销售、执行信贷、控制设备、设计计算、计费客户、导航飞机、远程诊治等。

（一）数字经济加速经济全球化步伐

数字经济促进人类社会发生一场划时代的全球性变革，推动人类更深层次跨入经济全球化时代。比如，数字网络的发展以及"赛博空间"的出现，全球化不再局限于商品和生产要素跨越国界流动，而是从时空角度改变世界市场和国际分工的格局；经济数字化拓展了贸易空间，缩短了贸易的距离和时间，全球贸易规模远远超越了以往任何一个时期；

凭借数字网络技术的支持，跨国公司远程管理成本大幅度地下降，企业活动范围更加全球化。美国《财富》杂志在分析全球最大 500 家跨国公司排名变化后认为："全球化色彩越浓，大公司利润越高"。"一个更大、更富裕的世界"将随着全球化大发展而出现[01]。因此，数字经济加速了信息、商品与要素的全球流动，推动经济全球化进入一个新的发展阶段。

（二）数字经济软化全球产业结构

数字经济时代，数字网络技术的创新及广泛应用推动了全球产业结构进一步知识化、高科技化，知识和技术等"软要素"正在取代资本和劳动力成为决定产业结构竞争力的重要因素。全球产业结构软化趋势愈加明显。一是出现知识驱动的经济发展模式。新一代信息技术蓬勃发展，跨国 ICT 企业加速市场扩张与产品创新步伐，世界各国都在大力发展信息技术产业，实现知识驱动的经济发展模式；二是传统产业加强与信息产业的联系。由于计算机与数字技术带来高效的生产效率，传统产业不断加强与信息产业的前向联系和后向联系，以便拥有更强的产业竞争力和创造更高的产业附加值；三是新型服务业方兴未艾。由于信息技术的普及和创新，计算机和软件服务、互联网信息服务等新兴服务业迅速崛起，电子商务、网络金融、远程学习等新型服务业方兴未艾，知识化、信息化、智能化正在成为全球服务业未来发展的新方向。

（三）新的数字技术助推数字经济以及社会发展

移动、云计算、社交网络、传感器网络和大数据分析是当今数字经济中最重要的技术趋势之一。总的来说就是"智能一切"，即网络和数字化连接家庭、医疗保健、交通、业务流程和能源，甚至政府管理和社会治理。这些新应用依赖于固定和无线宽带网络，以及在互联网上连接

---

[01] 刘吉、金吾伦著. 千年警醒：信息化与知识经济[M]. 社会科学文献出版社，1998：139.

的设备，满足不断增长的经济和社会需求。例如，在经济合作组织国家，家庭智能设备预计将从 2013 年的 17 亿美元增加到 2022 年的 140 亿美元。收集的数据将以 M2M（machine-to-machine）方式实现大规模处理数据的"云计算"服务，搜集、处理和分析海量数据，这一方式改变了信息处理的时间量级，被称为"大数据"技术。这些现象共同构成了"智能网络的构建模块"，带动了社会的整体发展。

（四）移动宽带应用加速数字产品普及

互联网普及率的提高，极大地受益于移动基础设施的发展和资费的下降。经合组织国家的移动宽带渗透率从 2014 年 76% 增加至 2016 上半年的 85.5%[01]。在许多新兴和欠发达的国家，移动宽带连接也被广泛提供，使得这些经济体的互联网接入大幅增加[02]。例如，在撒哈拉以南非洲地区的移动宽带订阅量从 2010 年的 1400 万增长到 2013 年的 1.17 亿[03]。除数量增加外，宽带的速度也在不断提升。移动宽带质量的进步和固定网络上的 WiFi 的大规模普及，使移动设备扩大了应用规模，影响了数以亿计用户的工作、生活。Stat Counter 对 300 万个样本两年的时间的检测结果表明，用户通过移动设备浏览网页的比率从 2012 年的 11.7% 上升到 2014 年的 24.3%。移动宽带技术与设施普及加速了数字产品的应用[04]。2014 年安卓应用的下载量增长了近 60%，全球移

---

[01] Constine, J.Internet.org's App with Free Access toFacebook, Wikipedia, Local Info Launches in Zambia［DB/OL］.TechCrunch, http: //techcrunch.com/2014/07/31/internet-org-app/, July 31, 2014.

[02] Pew Research. Mobile Technology Fact Sheet［DB/OL］.http: //www.pewinternet.org/fact-sheets/mobile-technology-fact-sheet, January, 2014.

[03] OECD.OECD Year Book［DB/OL］.https: //issuu.com/oecd.publishing/docs/_yb_2013_light_fulldoc_eng, 2013.

[04] StatCounter.StatCounter announces new web analyticsapps: Mobile internet usage soars by 67%［DB/OL］.http: //gs.statcounter.com/press/mobile-internet-usage-soars-by-67-perc, 18th September 2014.

动设备应用程序的销售额为 20 亿~ 25 亿美元。

二、数字经济成为新常态下中国经济发展的新动能

数字经济代表着新生产力的发展方向，对中国而言具有特殊意义。互联网、云计算、大数据等数字经济本身就是新常态下供给侧结构性改革要培育和发展的主攻方向。数字化将发掘新的生产要素和经济增长点，加速传统行业转型。

（一）新常态需要新动能

中国经济在经历了 30 多年的高速增长之后，开始进入一个增速放缓、结构升级、动力转换的新阶段，这一阶段也被称为经济发展新常态。认识、适应和引领新常态已被确定为指导中国经济发展的大逻辑。新常态下经济发展面临的最大风险是掉入"中等收入陷阱"，而找准并利用好新动能就成为经济转型发展，跨越中等收入陷阱的关键。

（二）信息革命带来了大机遇

经济发展的新动能在哪里？本来这是一个大难题，曾让很多国家困扰了很多年。但现在不同了，因为人类经历了农业革命、工业革命后，现在正在经历信息革命——正是信息革命为中国顺利跨越中等收入陷阱提供了前所未有的历史性机遇。从社会发展史看，每一次产业技术革命都会带来社会生产力的大飞跃。农业革命增强了人类生存能力，使人类从采食捕猎走向栽种畜养，从野蛮时代走向文明社会。工业革命拓展了人类体力，大规模工厂化生产取代了工场手工生产，工业经济彻底改变了生产能力不足、产品供给不足的局面。而信息革命则增强了人类脑力，数字化工具、数字化生产、数字化产品成就了数字经济，也促成了数字化生存与发展。以数字化、网络化、智能化为特征的信息革命催生了数

字经济，也为经济发展提供了新动能。

（三）数字经济的动能正在释放

数字经济不仅有助于解放旧的生产力，更重要的是能够创造新的生产力。数字技术正广泛应用于现代经济活动中，提高了经济效率，促进了经济结构加速转变，正在成为全球经济复苏的重要驱动力。自2008年以来，云计算、物联网、移动互联网、大数据、智能机器人、3D打印、无人驾驶、虚拟现实等信息技术及其创新应用层出不穷、日新月异，并不断催生一大批新产业、新业态、新模式。更为重要的是，这一变化才刚刚开始。凯文·凯利一直在提醒我们，真正的变化还没有到来，真正伟大的产品还没有出现，"今天才是第一天"。甚至也有专家断言，人类现在的信息处理能力还只是相当于工业革命的蒸汽机时代。

（四）发展数字经济成为中国的战略选择

面对数字经济发展大潮，许多国家都提出了自己的发展战略，如美国的工业互联网、德国的工业4.0、日本的新机器人战略、欧盟和英国等的数字经济战略等。中国即将步入后工业化阶段，各区域都期望抓住数字新经济兴起的契机。中国政府立足于本国国情和发展阶段，正在实施"网络强国"战略，推进"数字中国"建设，大力推行"十三五"规划中有关数字经济发展战略。

三、数字经济是引领国家创新战略实施的重要力量

发展数字经济对中国的转型发展，以及实现中华民族伟大复兴的中国梦具有重要的现实意义和特别推动作用，对贯彻落实新的发展理念、培育新经济增长点、以创新驱动推进供给侧改革、建设网络强国、构建信息时代国家新优势等都将产生深远影响。

（一）发展数字经济是贯彻五大发展理念的集中体现

数字经济本身就是新技术革命的产物，是一种新的经济形态、新的资源配置方式和新的发展理念，集中体现了创新的内在要求[01]。中国发展数字经济，是贯彻"创新、协调、绿色、开放、共享"五大发展理念的集中体现。这是因为，数字经济减少了信息流动障碍，加速了资源要素流动，提高了供需匹配效率，有助于实现经济与社会、物质与精神、城乡之间、区域之间的协调发展。数字经济能够极大地提升资源的利用率，是绿色发展的最佳体现。数字经济的最大特点就是基于互联网，而互联网的特性就是开放共享。数字经济也为落后地区、低收入人群创造了更多地参与经济活动、共享发展成果的机会。

（二）发展数字经济是推进供给侧结构性改革的重要抓手

以新一代信息技术与制造技术深度融合为特征的智能制造模式，正在引发新一轮制造业变革，数字化、虚拟化、智能化技术将贯穿产品的全生命周期，柔性化、网络化、个性化生产将成为制造模式的新趋势，全球化、服务化、平台化将成为产业组织的新方式。数字经济也在引领农业现代化，数字农业、智慧农业等农业发展新模式，就是数字经济在农业领域的实现与应用。在服务业领域，数字经济的影响与作用已经得到较好体现，电子商务、互联网金融、网络教育、远程医疗、网约车、在线娱乐等已经使人们的生产生活发生了极大改变。

（三）贯彻落实创新驱动发展战略，推动"大众创业、万众创新"的最佳试验场

现阶段，数字经济最能体现信息技术创新、商业模式创新以及制度

---

[01] 分享经济发展报告课题组.中国分享经济发展报告：现状、问题与挑战、发展趋势[J].电子政务，2016（04）.

创新的要求。数字经济的发展孕育了一大批极具发展潜力的互联网企业，成为激发创新创业的驱动力量。众创、众包、众扶、众筹等分享经济模式本身就是数字经济的重要组成部分[01]。

（四）数字经济是构建信息时代国家竞争新优势的重要先导力量

数字经济的发展在信息革命引发的世界经济版图重构过程中，将起着至关重要的作用。信息时代的核心竞争能力将越来越表现为一个国家和地区的数字能力、信息能力、网络能力。实践表明，中国发展数字经济有着自身独特的优势和有利条件，起步很快，势头良好，在多数领域开始形成与先行国家同台竞争、同步领跑的局面，未来在更多的领域存在领先发展的巨大潜力。

01　分享经济发展报告课题组. 中国分享经济发展报告：现状、问题与挑战、发展趋势 [J]. 电子政务，2016（04）.

第二节
发展数字经济具有的优势

中国数字经济的不俗表现得益于全球信息革命提供的历史性机遇，得益于新常态下寻求经济增长新动能的强大内生动力，更得益于自身拥有的独特优势。中国发展数字经济的独特优势突出表现在三个方面：网民优势、后发优势和制度优势。

一、网民优势孕育了中国数字经济的巨大潜能

就像中国经济社会快速发展一样，中国网民规模和信息技术发展速度也令人目眩。这促进了世界上最生机勃勃的数字经济的发展。

（一）网民大国红利日渐显现，使得数字经济体量巨大

近几年来，中国人口发展出现了拐点，即劳动力人口连续下降，人口老龄化程度加深，使得支持中国经济发展的"人口红利"在逐渐丧失。但另一方面，中国的网民规模却逐年攀升，互联网普及率稳健增长，网民大国红利开始显现。自 2008 年起中国成为名副其实的第一网民大国。正是有了如此庞大的网民数量，才造就了中国数字经济的巨大体量和发展潜力。这就不难理解，为什么一个基于互联网的应用很快就能达到上千万、上亿甚至数亿人的用户规模，为什么只有几个人的互联网企

业短短几年就可以成为耀眼的"独角兽"企业，甚至在全球达到领先水平。中国互联网企业在全球的出色表现[01]，表明中国已经成功实现从人口红利向网民红利的转变。

（二）信息技术赋能效应显现，使得数字经济空间无限

近年来，信息基础设施和信息产品迅速普及，信息技术的赋能效应逐步显现，为数字经济带来无限创新空间。以互联网为基础的数字经济，解决了信息不对称的问题，边远地区的人们和弱势群体通过互联网、电子商务就可以了解市场信息，学习新技术新知识，实现创新创业，获得全新的上升通道。基于互联网的分享经济还可以将海量的碎片化闲置资源（如土地、房屋、产品、劳力、知识、时间、设备、生产能力等）整合起来，满足多样化、个性化的社会需求，使得全社会的资源配置能力和效率都得到大幅提升。当每一个网民的消费能力、供给能力、创新能力都进一步提升并发挥作用，数字经济将迎来真正的春天。

（三）应用创新驱动，使得网民优势有效发挥

当前，数字经济发展已从技术创新驱动向应用创新驱动转变，中国的网民优势就显得格外重要。庞大的网民和手机用户群体，使得中国数字经济在众多领域都可以轻易在全球排名中拔得头筹。如 2015 年滴滴出行全平台（出租车、专车、快车、顺风车、代驾、巴士、试驾、企业版）订单总量达到 14.3 亿，这一数字相当于美国 2015 年所有出租车订单量的近两倍，也超越了已成立 6 年的 Uber 实现的累计 10 亿的订单数。百度、阿里巴巴、腾讯、京东跻身全球互联网企业市值排行榜前 10 位，有足够的经验供互联网创业公司借鉴。小猪短租、名医主刀等一批分享型企业也在迅速崛起，领先企业的成功为数字经济全面发展提供了强大的示范效应。

---

01 刘吉、金吾伦著．千年警醒：信息化与知识经济 [M]．社会科学文献出版社，1998：139．

二、后发优势为数字经济提供了跨越式发展的特殊机遇

信息技术创新具有跳跃式发展的特点，为中国数字经济的跨越式发展提供了机会。

（一）信息基础设施建设实现了跨越式发展

中国的电话网铜线还没有铺设好就迎来了光纤通信时代，固定电话还没有普及就迎来了移动通信时代，固定宽带尚未普及就直接进入了全民移动互联网时代，2G、3G 还没普及就直接上了 4G。目前，中国信息基础设施基本建成，一是建成了全球最大规模的宽带通信网络。截至 2016 年 6 月，我国固定宽带接入数量达 4.7 亿，覆盖全国所有城市、乡镇以及 95% 的行政村。二是网络能力得到持续提升。全光网城市由点及面全面推开，城市家庭基本实现 100M 光纤全覆盖。

（二）信息技术应用正在经历跨越式发展

中国数字经济的发展是在工业化任务没有完成的基础上开始的，工业化尚不成熟降低了数字经济发展的路径依赖与制度锁定。工业化积累的矛盾和问题要用工业化的办法去解决，这十分困难也费时较长，但有了信息革命和数字经济就不一样了。工业化的诸多痛点遇到数字经济就有了药到病除的妙方，甚至可以点石成金、化腐朽为神奇。中国的网络购物、P2P 金融、网络约租车、分享式医疗等很多领域能够实现快速发展，甚至领先于许多发达国家，在很大程度上也是由于这些领域的工业化任务还没有完成，矛盾突出痛点多，迫切需要数字经济发展提供新的解决方案。在制造业领域，工业机器人、3D 打印机等新装备、新技术在以长三角、珠三角等为主的中国制造业核心区域的应用明显加快，大数据、云计算、物联网等新的配套技术和生产方式开始得到大规模应用。多数企业还没有达到工业 2.0、工业 3.0 水平就迎来了以智能制造为核心的

工业 4.0 时代。可以说，数字经济为中国加速完成工业化任务、实现"弯道超车"创造了条件。经过多年努力，中国在芯片设计、移动通信、高性能计算等领域取得重大突破，部分领域取得全球领先。2015 年，华为国际专利申请量 3898 件，位列全球企业之首。涌现一批国际领先企业，华为、联想、中兴、腾讯、阿里巴巴、百度等企业在全球地位稳步提高。

（三）农村现代化跨越式发展趋势明显

仅仅因为有了互联网，许许多多原本落后的农村彻底改变了面貌。仅以"淘宝村"为例，2009 年全国农民网商比例超过 10%、年网络销售额 1000 万元以上的行政村只有 3 个，到 2015 年已经发展到 780 个，分布在 17 个省份。农村电商的快速发展和"淘宝村"的崛起，吸引了大量的农民和大学生返乡创业，人口的回流与聚集也在拉动农村生活服务水平的提升和改善，释放的数字红利也为当地发展提供了内生动力。现在，网购网销在越来越多的农村地区成为家常便饭，网上学习、手机订票、远程医疗服务纷至沓来，农民们开始享受到前所未有的实惠和便利。正是因为有了数字经济的发展，许多农村地区从农业文明一步跨入信息文明，农民的期盼也从"楼上楼下，电灯电话"变成了"屋里屋外，用上宽带"。

（四）信息社会发展水平相对落后，为数字经济发展预留了巨大空间

信息社会发展转型期也是信息技术产品及其创新应用的加速扩张期，为数字经济大发展预留了广阔的空间。目前，中国电脑普及率、网民普及率、宽带普及率、智能手机普及率、人均上网时长等都还处于全球中位水平，发展空间巨大，未来几年仍将保持较快增长。以互联网普及为例，每年增加 4000 万以上的网民，就足以带来数字经济的大幅度提升。

三、制度优势为数字经济发展提供了强有力保障

中国发展数字经济的制度优势在于强有力的政治保障、战略规划、政策体系、统筹协调和组织动员。这为数字经济的发展创造了适宜的政策环境,带动整个中国经济社会向数字经济转变。

(一)组织领导体系基本健全提供了政治保障

2014年,中央网络安全和信息化领导小组的成立标志着中国信息化建设真正上升到了"一把手工程",信息化领导体制也随之基本健全。建设网络强国、发展数字经济已形成全国共识。各级领导和政府部门对信息化的高度重视,为数字经济的发展提供了重要的政治保障。

(二)信息化引领现代化的战略决策提供了明晰的路线图

2016年7月发布的《国家信息化发展战略纲要》提出了从现在起到21世纪中叶中国信息化发展的三步走战略目标,明确了在提升能力、提高水平、完善环境方面的三大类56项重点任务。确切地说,国家信息化发展战略决策为数字经济发展提供了明晰的路线图。

(三)制定形成了较为完整的政策体系

在过去两年多的时间里,中国围绕信息化和数字经济发展密集出台了一系列政策文件,包括"互联网+"行动、宽带中国、中国制造2025、大数据战略、信息消费、电子商务、智慧城市、创新发展战略等。各部门、各地区也纷纷制定出台了相应的行动计划和保障政策。中国信息化政策体系在全球也可以称得上是最健全的,也体现出国家对发展数字经济的决心之大、信心之足和期望之高。更为重要的是,中国制度优势有利于凝聚全国共识,使政策迅速落地生根,形成自上而下与自下而上推动数字经济发展的大国合力。

第三节
数字经济是引领创新战略的重要力量

中国数字经济已经扬帆起航，正在引领经济增长从低起点高速追赶走向高水平稳健超越，供给结构从中低端增量扩能走向中高端供给优化，动力引擎从密集的要素投入走向持续的创新驱动，技术产业从模仿式跟跑并跑走向自主型并跑领跑全面转型，为最终实现经济发展方式的根本性转变提供了强大的引擎。

一、高速泛在的信息基础设施基本形成

无时不在、无处不在的电脑网络是支撑数字经济的关键。目前中国无论是宽带用户规模、固定宽带网速，还是网络能力等信息基础设施基本形成，达到了连接网络的普及、服务享受的普及等。

（一）宽带用户规模全球第一

截至 2016 年第一季度，我国固定宽带网络延伸至全国所有乡镇和 95% 的行政村，基础电信企业宽带用户合计达到 2.7 亿户，加上广电网络公司发展的 2000 万宽带用户，以及民营企业超过千万宽带用户，全国宽带用户合计超过 3 亿户，人口普及率超过 22%，快速逼近发达国家平均 27% 的普及水平。4G 网络覆盖全国城市和主要乡镇，用户近 5.3

亿，占全球 1/3。宽带发展联盟的报告称，截至 2016 年第二季度中国固定宽带家庭普及率达到 56.6%，移动宽带（主要指 3G 和 4G）用户普及率达到 63.8%。

（二）网络能力得到持续提升

全光网城市由点及面全面推开，城市家庭基本实现 100Mbit/s 光纤全覆盖。光纤宽带全球领先，光纤到户（FTTH）用户占比达到 63%，仅次于日、韩，位列第三。部分重点城市已规模部署 4G+ 技术，载波聚合、VoLTE 商用步伐全面提速。骨干网架构进一步优化，网间疏导能力和用户体验大幅提升。

（三）固定宽带实际下载速率迈入 10Mbit/s 时代

网络提速效果显著。2016 年第二季度中国固定宽带网络平均下载速率达到 10.47Mbit/s，突破 10Mbit/s 大关。全国有 16 个省级行政区域的平均下载速率已率先超过 10Mbit/s，其中上海和北京已超过 12Mbit/s。中国的宽带网速已经迎来"10M 时代"。另外，Open Signal 发布的全球移动网络报告称，中国的 LTE 网络速度达到 14Mbps，超过美国、日本等发达国家，全球排名第 31 位。

（四）网民规模与日俱增

截至 2016 年 6 月底，中国网民规模达 7.1 亿，新增网民 2132 万人，增长率 3.1%；互联网普及率达到 51.7%，比 2015 年底提高 1.3 个百分点，超过全球平均水平 3.1 个百分点（参见表 1-1）。上网终端逐渐多样化全国手机用户数超过 13 亿户，手机移动端上网比例高达 90%。

表 1-1：2006～2016 年中国网民规模及互联网普及率情况

年　度	网民规模（万人）	互联网普及率 %
2006 年	13700	10.5
2007 年	21000	16.0
2008 年	29800	22.6
2009 年	38400	28.9
2010 年	45730	34.3
2011 年	51310	38.3
2012 年	56400	42.1
2013 年	61758	45.8
2014 年	64875	47.9
2015 年	68826	50.3
2016 年	73125	53.2

注：数据来源于《中国互联网络发展状况统计报告》（2017 年 1 月）。

二、数字经济成为国家经济发展的重要引擎

迄今为止，关于数字经济规模及其对 GDP 的贡献并没有可信的统计资料，但国内外都有机构做了一些研究性测算，对于数字经济成为经济增长重要引擎给出了一致性判断。

2012 年，美国波士顿咨询集团发布的《G20 国家互联网经济》称，2010 年 G20 国家的互联网经济占 GDP 的比重为 4.1%，到 2016 年将占 GDP 的 5.3%，互联网经济对中国 GDP 的贡献将从 2010 年的 5.5% 提高到 2016 年的 6.9%，在 G20 国家中仅次于英国和韩国。

2014 年，美国麦肯锡咨询公司发布的《中国数字化的转型：互联网对劳动生产率及增长的影响》称，中国的互联网经济占 GDP 的比重由 2010 年的 3.3% 上升至 2013 年的 4.4%，高于一些发达国家，已经

达到全球领先水平。

中国信息化百人会 2016 年出版的《信息经济崛起：区域发展模式、路径与动力》一书指出，中国信息经济总量与增速呈现"双高"态势。1996～2014 年中国信息经济年均增速高达 23.79%，是同期 GDP 年均增速的 1.84 倍，在中国经济进入新常态的大背景下，信息经济正在成为国家经济稳定增长的主要引擎。2014 年总体规模已达到 2.73 万亿美元，占 GDP 比重为 26.34%，对于 GDP 增长的贡献率高达 58.35%。目前，中国数字经济正在逐渐成为国家经济稳定增长的主要动力。据 2016 年统计数据，中国数字经济规模达到 22.4 万亿元，占 GDP 比重达到 30.1%，已经超过日本和英国之和，成为全球第二大数字经济体。凭借后发优势，我国数字经济的增速分别是美国（6.8%）、日本（5.5%）和英国（5.4%）的 2.4 倍、3 倍和 3.1 倍，未来中国在全球数字经济中的比重将进一步提升。目前，数字经济已逐渐成为中国宏观经济的组成部分。自 2008 年以来，中国数字经济的比重迅速提升，2016 年占 GDP 比重达 30.1%，增速高达 16.6%。数字经济已成为近年来带动经济增长的重要动力[01]。

三、数字经济在生产生活各个领域全面渗透

针对当前的经济结构调整和产业转型升级趋势，中国数字经济也发挥着积极的推动作用。目前，工业云服务、大企业双创、企业互联网化、智能制造等领域的新模式新业态正不断涌现。

（一）数字经济正在引领传统产业转型升级

2015 年 7 月，中国发布《关于积极推进"互联网+"行动的指导意见》，

01　张焱.数字经济正成为全球经济复苏新动力[N].中国经济时报，2017-3-31.

明确了"互联网+"的 11 个重点行动领域：创业创新、协同制造、现代农业、智慧能源、普惠金融、益民服务、高效物流、电子商务、便捷交通、绿色生态、人工智能。数字经济引领传统产业转型升级的步伐开始加快。根据《中国信息化百人会 2017 年报告》统计数据，我国数字化研发设计工具普及率达 61.8%、智能制造就绪率上升至 5.1%，服务化转型步伐持续加快[01]。以制造业为例，工业机器人、3D 打印机等新装备、新技术在以长三角、珠三角等为主的中国制造业核心区域的应用明显加快，大数据、云计算、物联网等新的配套技术和生产方式开始得到大规模应用，海尔集团、沈阳机床、青岛红领等在智能制造上的探索已初有成果，华为、三一重工、中国南车等中国制造以领先技术和全球视野打造国际品牌，已稳步进入到全球产业链的中高端。

（二）数字经济开始融入城乡居民生活

根据 CNNIC 报告[02]，网络环境的逐步完善和手机上网的迅速普及，使得移动互联网应用的需求不断被激发。2015 年，基础应用、商务交易、网络金融、网络娱乐、公共服务等个人应用发展日益丰富，其中手机网上支付增长尤为迅速。截至 2015 年 12 月，手机网上支付用户规模达到 3.58 亿，增长率为 64.5%，网民使用手机网上支付的比例由 2014 年底的 39.0% 提升至 57.7%，网上支付场景不断丰富，大众线上理财习惯逐步养成。各类互联网公共服务类应用均实现用户规模增长，2015 年共计有 1.10 亿网民通过互联网实现在线教育，1.52 亿网民使用网络医疗，9664 万人使用网络预约出租车。互联网的普惠、便捷、共享等特性，已经渗透到公共服务领域，也为加快提升公共服务水平、有效促进民生

01　李彪 . 我国数字经济规模超 22 万亿 云计算大数据等将带来万亿级市场 [N]. 每日经济新闻，2017-3-28.

02　CNNIC. 第 38 次中国互联网络发展状况统计报告（2016 年 7 月）[R/OL].[2016-10-25]. http: //www.cnnic.cn/gywm/xwzx/rdxw/2016/201608/W020160803204144417902.pdf.

改善与社会和谐提供了有力保障。

（三）数字经济正在变革治理体系

数字经济带来的新产业、新业态、新模式，使得传统监管制度与产业政策遗留的老问题更加突出，发展过程中出现的新问题更加不容忽视。数字经济发展，促进了政府部门加快改革不适应实践发展要求的市场监管、产业政策，如推动放管服改革、完善商事制度、降低准入门槛、建立市场清单制度、健全事中事后监管、建立"一号一窗一网"公共服务机制，为数字经济发展营造良好的环境。另一方面，数字经济发展也在倒逼监管体系的创新与完善，如制订网约车新政、加快推进电子商务立法、规范互联网金融发展、推动社会信用管理等。当然，数字经济也为政府运用大数据、云计算等信息技术提升政府监管水平与服务能力创造了条件和工具。

四、数字经济推动新业态与新模式不断涌现

中国数字经济的后发优势强劲，快速发展的互联网和正在转型升级的传统产业相结合，将会迸发出巨大的发展潜力，新业态与新模式不断涌现。

（一）中国在多个领域已加入全球数字经济领跑者行列

近年来，中国在电子商务、电子信息产品制造等诸多领域取得"单打冠军"的突出成绩，一批信息技术企业和互联网企业进入世界前列。腾讯、阿里巴巴、百度、蚂蚁金服、小米、京东、滴滴出行等7家企业位居全球互联网企业20强。中国按需交通服务已成全球领导者，年化按需交通服务次数达40亿次以上，在全球市场所占份额为70%。

（二）中国分享经济正在成为全球数字经济发展排头兵

近年来，中国分享经济快速成长，创新创业蓬勃兴起，本土企业创新凸显，各领域发展动力强劲，具有很大的发展潜力。国家信息中心发布的《中国分享经济发展报告 2016》显示，2015 年中国分享经济市场规模约为 19560 亿元（其中交易额 18100 亿元，融资额 1460 亿元），主要集中在金融、生活服务、交通出行、生产能力、知识技能、房屋短租等六大领域。分享经济领域参与提供服务者约 5000 万人左右（其中平台型企业员工数约 500 万人），约占劳动人口总数的 5.5%，参与分享经济活动的总人数已经超过 5 亿人。

（三）中国电子商务继续保持快速发展的良好势头

根据《中国电子商务报告 2015》显示，2015 年全社会电子商务交易额达到 20.8 万亿元，同比增长约 27%；网络零售额达 3.88 万亿元，同比增长 33.3%。其中实物商品网络零售额占社会消费品零售总额的 10.8%；B2B 交易额为 17.09 万亿元，占全部电子商务交易额的 78.4%，同比增长 33.0%；跨境电子商务继续呈现逆势增长态势，全年交易总额达 4.56 万亿元，同比增长 21.7%；农村网购交易额达 3530 亿元，同比增长 96%，其中农产品网络零售额 1505 亿元，同比增长超过 50%。联合国旗下机构"Better Than Cash Alliance"（优于现金联盟）日前发布报告称，在支付宝和微信支付的推动下，2016 年中国社交网络支付（支付宝和微信）市场规模达到了 2.9 万亿美元，在过去 4 年中增长了 20 倍。报告指出，基于现有平台和网络的数字支付方式，不仅让人们享受到了更广泛的数字金融服务，也扩大了中国和周边国家的金融普惠和经济发展机会[01]。

---

01 4 年增长 20 倍！2016 中国数字支付规模 2.9 万亿美元 [N]. 电商报，2017-4-21.

（四）互联网金融进入规范发展的新时期

中国分享经济在网贷领域依然处于高度增长期，领先企业仍保持100%以上的增长。搜易贷成立于2014年9月，在2015年实现营收65亿元；京东众筹于2014年7月上线，截止2015年12月总筹资额已突破13亿元，其中百万级项目超过200个，千万级项目已有20个。根据互联网金融研究机构"网贷之家"发布的数据显示，截至2016年6月底，中国P2P（个人网络借贷）行业累计成交量达到了2.21万亿元，其中2016年上半年累计成交为8422.85亿元，预计全年累计交易量或将突破3万亿元。

五、中国数字经济未来的发展

未来，中国信息基础设施体系将更加完善，数字经济将全方位影响经济社会发展，数字经济市场将逐渐从新兴走向成熟，创新和精细化运营成为新方向，数字经济总量仍将保持较快的发展。

（一）国家信息基础设施体系将更加完善

《国家信息化发展战略纲要》提出，到2020年，固定宽带家庭普及率要达到中等发达国家水平，3G、4G网络覆盖城乡，5G技术研发与标准取得突破性进展。互联网国际出口带宽达到每秒20太比特（Tbps），支撑"一带一路"建设实施，与周边国家实现网络互联、信息互通，建成中国－东盟信息港，初步建成网上丝绸之路，信息通信技术、产品和互联网服务的国际竞争力明显增强，移动互联网连接规模超过100亿个，占全球总连接的比例超过20%，"万物互联"的时代开始到来。到2025年，新一代信息通信技术得到及时应用，固定宽带家庭普及率接近国际先进水平，建成国际领先的移动通信网络，实现宽带网络无缝覆盖，互联网国际出口带宽达到每秒48太比特（Tbps），建成四大国际信息通道，连接太平洋、中东欧、西非北非、东南亚、中亚、印巴缅俄等国家和地区。到本世纪中叶，泛在先进的信息基础设施为数字经济发展奠定坚实的基础，陆地、海洋、天空、太空立体覆盖的国家信息基础设施体系基本完善，人们通过网络了解世界、掌握信息、摆脱贫困、改善生活、享有幸福。

（二）经济发展的数字化转型成为重点

以信息技术为代表的技术群体性突破是构建现代技术产业体系、引领经济数字化转型的动力源泉，先进的信息生产力将推动我国经济向形态更高级、分工更优化、结构更合理的数字经济阶段演进。按照国家信息化发展战略要求，到2020年，核心关键技术部分领域将达到国际先进水平，重点行业数字化、网络化、智能化取得明显进展，网络化协同创新体系全面形成，以新产品、新产业、新业态为代表的数字经济供给体系基本形成；信息消费总额将达到6万亿元，电子商务交易规模达到38万亿元，信息产业国际竞争力大幅提升，制造业大国地位进一步巩固，制造业信息化水平大幅提升，农业信息化水平明显提升，部分地区率先基本实现现代化。到2025年，根本改变核心关键技术受制于人的局面，形成安全可控的信息技术产业体系，涌现一批具有强大国际竞争力的数字经济企业与产业集群，数字经济进一步发展壮大，数字经济与传统产业深度融合；信息消费总额达到12万亿元，电子商务交易规模达到67万亿元；制造业整体素质大幅提升，创新能力显著增强，工业化与信息化融合迈上新台阶；信息化改造传统农业取得重大突破，大部分地区基本实现农业现代化。预计到2025年中国互联网将促进劳动生产率提升7%～22%，对GDP增长的贡献率将达到3.2%～11.4%，平均为7.3%。到本世纪中叶，国家信息优势越来越突出，数字红利得到充分释放，经济发展方式顺利完成数字化转型，先进的信息生产力基本形成，数字经济成为主要的经济形态。

（三）分享经济将成为数字经济的最大亮点

经历了萌芽、起步与快速成长，分享经济即将进入全面创新发展的新时期，成为数字经济最大的亮点。据国家信息中心预测，未来5年中国分享经济年均增长速度在40%左右，到2020年分享经济规模占GDP比重将达到10%以上，未来10年中国分享经济领域有望出现5～10家巨无霸平台型企业。到2020年中国分享经济将进入一个人人可参与、物物可分享的全分享时代（参见图1-1）[01]。一是更多人的参与。随着互联网应用的普及，会有更多的中老年人群、农村居民参与到分享经济中来；二是更广泛的分享。从无形产品到有形产品、从消费产品到生产要素、从个人资源到企业资源，物物皆可纳入分享经济的范畴；三是更深入的渗透。分享经济将深入渗透到各个行业领域，分享经济不仅活跃在交通、住房、教育、医疗、家政、金融等与人们生活息息相关的服务业领域，还将迅速渗透到基础设施、能源、农业、制造业等生产性领域；四是更活跃的创新。未来，中国分享经济将进入本土化创新的集中爆发期，分享经济企业将加速从模仿到原创、从跟随到引领、从本土到全球的质的飞跃。

---

01 中国分享经济发展报告2016[R/OL].（2016-02-29）[2016-10-25]. http://www.sic.gov.cn/archiver/SIC/UpFile/Files/Htmleditor/201602/20160229121154612.pdf.

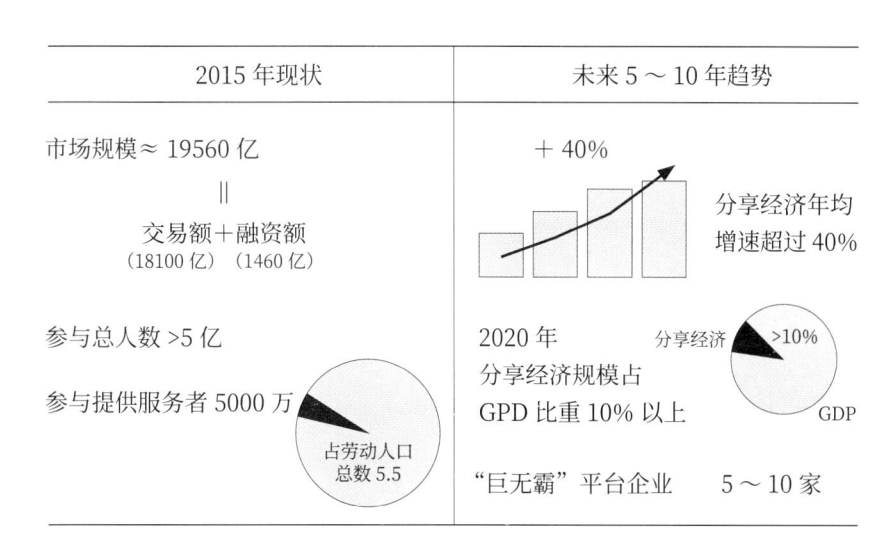

2015 年现状	未来 5～10 年趋势
市场规模 ≈ 19560 亿 ＝ 交易额＋融资额 （18100 亿）（1460 亿）	＋40% 分享经济年均增速超过 40%
参与总人数 >5 亿 参与提供服务者 5000 万 占劳动人口总数 5.5	2020 年分享经济规模占 GPD 比重 10% 以上　分享经济 >10% GDP "巨无霸"平台企业　5～10 家

图 1-1：中国分享经济发展现状趋势 [01]

（四）数字经济总量仍将保持较快的发展

全球主要国家表现出数字经济增速高于同期本国 GDP 增速的共同特征，如 2016 年美国数字经济增速高达 6.8%，同期 GDP 增速 1.6%；日本数字经济增速 5.5%，高于同期 GDP 增速 0.9%；英国数字经济增速 5.4%，高于同期 2% 的 GDP 增速。未来，中国数字经济总量仍将保持较快的发展，在全球数字经济中的比重会进一步提升。据预测，到 2020 年，传统行业的数字化改造将为中国带来超过 40 万亿元的总市场规模。未来几年，数字经济在推动中国经济社会发展、构建全球竞争新优势方面发挥的作用将更加凸显。

01　张新红. 数字经济与中国发展 [J]. 电子政务，2016（11）.

相关链接

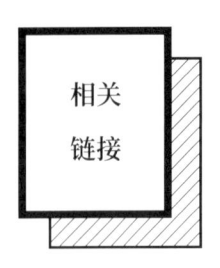

一、案例介绍

案例1：美国的数字经济

目前美国是世界上信息资源最丰富的国家，其在信息资源的开发和利用方面占据主导地位，尤其是数字经济的迅猛发展正在引发美国的社会经济变革。

（一）美国数字经济微观表现：企业与市场创新

1. 企业创新：制造和管理数字化

美国企业制造领域和管理领域的数字化过程可分为以下五个阶段：一是自动化阶段。20世纪70年代电子技术和计算机技术的发展为生产领域的自动控制提供可能，使得以计算机为辅助工具的制造自动化技术成为可行，制造领域进入了自动化阶段。二是信息集成阶段。20世纪80年代针对设计、加工和管理中存在的自动化孤岛问题，实现制造信息的共享和交换，采用计算机采集、传递、加工处理信息，形成了一系列信息集成系统。三是过程优化阶段。20世纪90年代信息和通信技术在知识经济发展过程中处于中心地位，企业意识到除了信息集成这一技术外，还需要对生产过程进行优化。四是敏捷化阶段。20世纪90年代中期以后，随着Internet的迅速发展，企业组织管理方式日益要求满足全球化市场用户需求为核心的快速响应制造活动成为可能。在这种情况下，敏捷制造（AM）、虚拟制造（VM）等新的制造模式应运而生。五是数字神经系统阶段。数字神经系统是计算机技术、因特网和管理技术发展到一定阶段的产物。它使得企业内部和外部（或前台和后台、上游和下游）的业务、各环节的业务都实现了数字化的企业，包括数字化管理、数字化制造和数字化营销。

2. 市场创新：交易模式数字化

随着因特网的出现和普及，市场交易出现了不断数字化的趋势。美国交易模式数字化演变经历三个阶段：第一阶段是20世纪70年代末公司间采用电子数据交换（EDI）和电子资金传送系统；第二阶段是电子邮件和以Web技术为代表的数字信息发布系统；第三阶段是电子商务，其蓬勃发展并正在逐渐成为美国经济的重要支柱之一。电子商务是在数字技术推动下交易模式创新的结果。当前美国电子商务主要包括两方面：一是美国B2B电子商务。美国B2B电子商务在整个电子商务中占有极其重要的地位。大部分美国制造商已经拥有自己的网站，电子商务交易的使用率很高，而且许多传统产业已经步入B2B电子商务的阶段；二是美国B2C电子商务。美国互联网用户目前约为2.4亿，渗透率高达74.9%，其中已经有大约四分之三的互联网用户属于网购人群，网购渗透率达到71.6%。

（二）美国数字经济中观表现：数字产业的蓬勃发展

美国数字经济正在塑造一个新兴的产业结构。数字产业包括两方面的内容，一方面包括信息技术产业，另一方面是数字内容产业。

1. 美国信息技术产业的发展

信息技术产业是数字产业的核心，是美国经济发展的重要推动力量。随着信息技术不断创新和渗透，信息技术产业在美国经济中的地位不断上升，已经成为美国经济的主导产业。平板电脑将是驱动移动商务的关键。数据显示，目前来自移动设备的交易额平板占到了65%，手机则为35%。2017年，平板电脑交易占比将升至71.5%，手机交易占比下降为

27%，移动商务交易额的迅速增长得益于智能手机和平板电脑等移动设备的普及。2013年，有7940万美国消费者使用移动设备购物，占有整体网购人群的51%。2017年这一比例将提升至77.1%。

2. 美国数字内容产业的发展

为便于介绍美国数字内容产业，选取娱乐、教育文化和商业三个方面对数字内容产业加以介绍：一是数字娱乐业。数字娱乐业是通过以数字技术向人们"制造快乐"的各个领域，包括提供视听享受的音乐、DVD、VCD、交互电视、电脑电子网络游戏、MP3、数码摄像机，甚至网络聊天、网络媒体等。因此，一切通过数字技术，如计算机、互联网等为人们提供娱乐的产品都可以称为数字娱乐业。在美国，随着数字经济的发展，以数字技术为基础的数字娱乐业正在蓬勃发展。其中游戏业的发展尤其引人注目。二是数字教育文化。数字教育文化业的核心是通过数字技术对传统教育和文化产业全面整合，包括数字图书馆、数字学习、数字出版等方面。在美国，随着数字经济的发展，数字教育和数字文化业都得到了蓬勃发展。三是数字商业服务。数字商业服务是数字技术在商业领域中的应用，包括公司通讯、无线服务、非媒体应用（设计等）和在线广告。非媒体应用（设计等）和在线广告是数字商业服务的新生力量。在美国，随着数字经济的发展，数字商业服务也取得长足进步。

（三）美国数字经济宏观表现：数字政府

美国微观经济基础的创新波及到宏观层面，促使政府为适应数字商业高效率不断实行政务数字化。美国于1993年制定并颁布了《美国国家基础设施行动计划》，1994年又提出了《政府资讯科技服务远景》，从而确定了美国联邦政府推动数字政府发展目标，即以网络数字技术为基础，连接政府各机关部门内部现有的和正在建设的网络，并充分利用互联网、电子邮件、数码电视等技术形成一个广泛联结的"虚拟政府"。为了推动数字政府宏伟蓝图的实现，美国政府采取一系列措施，运用各种手段推动数字政府的进程。就目前而言，美国数字政府的应用重点主要体现在以下几个方面：一是建立全国性的、整合性的电子福利支付系统；二是发展整合性的数字化取用信息服务；三是提供个人电脑以及其他各种渠道的信息获取和服务；四是提供跨越各级政府的纳税申报及交税处理系统；五是建立国际贸易资料系统。

案例2：浙江的数字经济

浙江从数字化、智能化深度融合起步，到以互联网为核心的信息经济，再到云计算、大数据、人工智能，数字经济推动浙江经济一浪高过一浪。

（一）数字经济多点均衡发展

植根于民营经济形态的浙江数字产业优势在于综合化的全面发展，在电子商务、物联网、云计算、大数据、互联网金融创新、智慧物流、数字内容产业中心等均取得了较高的成就，形成了较为完善的信息经济产业链。浙江有以阿里巴巴、天猫商城、淘宝网为代表的电子商务产业享誉全国乃至世界，是电商产业链最完整的地区之一，移动电子商务、农村电子商务、跨境电子商务快速发展。阿里云是全国公有云的"一哥"，拥有2300多万用户，覆盖全球200多个国家和地区，业务成长全球最快，目前仍以百分之百左右的速度突飞猛进。

（二）加大创新投入，扩大创新人才队伍，鼓励信息经济创业

数字经济依靠的是创新驱动，需要创新投入、创新扶持、创新环境和创新动力，以实现技术、产业模式、产品等多维度的创新。一方面浙江加大财政扶持，给予创新在税收、场地等各项优惠条件。另一方面加快创新人才培育，除了依靠浙江大学等传统名校培养优秀人才、吸收引进海外高层次人才外，浙江也加快了数字经济专业领域的技术人才培养。浙江随处可见众多高新技术开发区内公共技术服务平台、科技孵化

器、创新创业基地等为推动创新作支撑和基础的平台。政府方面正在打造一大批有浙江特色的创业平台，比如互联网创业小镇、天使基金小镇、云计算小镇等等，进一步集聚风投、基金和创业人才，鼓励更多拥有梦想的人到浙江创业。

（三）基础设施建设是平台，信息消费是支撑，互联网发展是引擎

目前，浙江省互联网普及率处于全国领先水平，这也为信息消费的扩大提供了支撑。全省范围内已启动20个智慧城市建设示范试点项目，遍及智慧健康、智慧旅游、智慧安居、智慧交通等领域。转塘打造中国首个云计算产业生态小镇，已成功引进阿里云、威锋网、元云科技等100多家涉云互联网信息企业，引进云商基金、银杏谷基金等十家以上创投机构、初步形成云计算产业生态。

（四）区域协调发展，数字经济深入农村

浙江县域经济的发展与信息经济紧密相连。浙江金华以电子商务为主的数字经济是它的一号产业，电商交易额占全球比重超过3%。金华已经连续3年获评中国电子商务十强城市，是跻身该榜单中的唯一一个地级城市，截至目前金华的数字经济企业高达9800家，第三方电子交易平台近30家，淘宝卖家超过12万家；5173、9158等一批具有"金华特色"的视频娱乐、网络游戏、文化创意类数字经济企业已成为行业的领头羊。浙江遂昌县，近年来大力发展农村电子商务，将生产的茶叶、猪肉、禽肉，通过网络远销国内外，全县1300多个淘宝店，带动了全县农民的增收，已经连续7年农民增收超过了全省的农民增收平均水平，被电商界称为遂昌模式。缙云县壶镇的小山村——北山村，有90%的村民从事与电商相关的行当，开设的网店超300家，截至2014年11月，全村电商销售额已超1.15亿元。2014年7月，首届中国县域经济与电子商务峰会在杭州召开，峰会上阿里巴巴宣布，启动千县万村计划，在

三至五年内投资100亿元，建立1000个县级运营中心和10万个村级服务站，而浙江省成为第一个与阿里巴巴达成"千县万村"合作的省份。

二、概念解析

（一）数字经济

数字经济首先是一场数字技术推动的经济革命。当前在以美国为首的发达国家中，这场数字化革命正在以数字技术的不断创新为推动力、以开放的知识为基础，从制造领域、管理领域、流通领域的数字化扩展到包括政府宏观调控的一切经济领域，逐渐形成一个经济体系。该体系是从微观基础的创新，通过中观产业发展，进一步渗透并影响到整个经济领域乃至整个社会领域。从经济形态层面看，该经济体系与农业经济、工业经济相比有所不同，是前所未有的新变化，标志着人类进入了一个新时代。

因此，数字经济的具体内涵可以界定为：以知识为基础，在数字技术（特别是在计算机和因特网）催化作用下制造领域、管理领域和流通领域以数字化形式表现的一种新的经济形态。这一内涵的界定包括三方面：在形式上表现为商业经济行为的不断数字化、网络化和电子化，即电子商务的蓬勃发展；在内容上体现为传统产业的不断数字化以及新兴的数字化产业蓬勃发展；实质是在创新为特征的知识社会中，以1和0为基础的数字化技术发展到一定阶段，信息数字化扩展到整个经济社会的必然趋势。

（二）电子商务

电子商务源于英文 Electronic Commerce（简写为 EC）或 Electronic Business（简写为 EB）。顾名思义，其内容包含两个含义，一是电子方式，二是商贸活动，指的是贸易活动各环节的电子化，它覆盖与商务活动有关的所有方面。利用简单、快捷、低成本的电子通讯方式，买卖双方不见面的进行各种商贸活动。电子商务以及直接支撑其发展的数字化信息网络技术产业都是数字经济的范畴。根据人们理解的不同，电子商务可以分为广义和狭义的。

从广义上讲，电子商务是指利用一切电子手段所从事的商务活动。电子手段包括电子技术工具、设备及系统，包括最早的电报、电话、电视、传真、电子邮件、电子数据交换、电子计算机、通信网络到现在的信用卡、电子货币、国家信息基础设施、全球信息基础设施和 Internet 等现代计算机网络系统。商务活动包括信息发布、询价报价、洽谈、签约、支付结算、商业交易、国内外贸易等经济活动。

从狭义上讲，电子商务则是通过计算机网络进行的商务活动。这种认识是基于计算机网络的普及使电子商务得到广泛的使用。主要是指公司、厂家、商业企业、工业企业与消费者个人的交易双方或各方利用计算机网络，尤其指 Internet 上的商务活动，包括电子商情、电子广告、电子合同签约、电子购物、电子交易、电子支付、电子转账、电子结算、电子商场、电子银行等不同层次、不同程度的电子商务活动，它是一个从简单到复杂、从局部到整体、从低级到高级的电子商务活动。它使信息流、资金流、物流和商流四者相统一，致使商业模式发生了根本的变革，是一种全新的商业运作模式。

（三）信息经济

信息经济的概念是在 20 世纪六七十年代先后由马克卢普和波拉特从部门经济的角度提出并发展的。信息经济可以从微观和宏观角度理解。宏观信息经济研究信息作为生产要素的特征、功能以及对经济系统的作用条件和作用规律，同知识经济相通，属于同一个范畴；微观信息经济是分析信息产业和信息产品的特征、在整个国民经济中的地位和比重以及信息对国民经济的贡献，强调的是信息产业部门经济。

（四）网络经济

网络经济是指基于互联网进行资源分配、生产和消费为主的经济形式，其中互联网是网络经济存在的基础条件，电子商务是其核心。这主要是因为网络经济是伴随国际互联网的发展而产生出来的，因此围绕国际互联网发展起来的一些新兴行业是网络经济不可缺少的一部分。更为重要的是，国际互联网的发展改变了过去传统的交易方式，使得国际互联网成为传统经济一个便捷的交易平台，因此原来通过传统的方式进行的交易活动演变成通过国际互联网进行的交易活动，即电子商务，应当视为网络经济的重要组成部分。

（五）知识经济

与信息经济、网络经济相比较，尽管知识经济的概念正式提出较晚，但知识经济的思想，即知识在经济发展中的作用早已引起关注。知识经济是指以知识为基础的经济，它直接依赖于知识和信息的生产、传播和应用。实质上，"知识经济"是同以土地、劳动力、资本和能源为基础的物质型经济相对应，强调知识为基础和增长驱动器的经济，这种经济的发展直接依赖于知识的创新、传播和应用。

（六）高速泛在

泛在（Ubiquitous）原为拉丁文，意思是"神无所不在"。它被用于形容网络无所不在是源于电脑技术的进展，电脑已全面融入人们的生活之中，无所不在地为人们提供各种服务的现象。所谓高速泛在是指，通过光纤宽带和WiFi建设形成一张覆盖天地一体的高速泛在网络，为智慧城市提供信息基础设施；通过智能终端接入网络获取处理信息；通过部署超大规模数据中心、构建云管理平台，实现资源的集中管理和灵活调配，为未来商业模式的转型奠定基础。

自 20纪90代数字经济出现以来，其在经济发展中的引领和主导作用不断增强，带来比工业革命更快、更加深刻的社会变革，并且成为支撑未来经济发展的重要动力之一。因此，中国应积极顺应数字经济发展新趋势，通过深入推进国家信息化战略，加快推进国家大数据战略，以加快企业和市场的数字化基础建设；通过加强企业数字化建设、优化互联网市场环境，进一步优化数字经济发展的市场环境。数字经济时代，政府面对新时代课题，必须积极调整产业结构，以提高信息化程度。运用大数据驱动产业创新发展，推动"互联网+"产业跨界发展，加快信息技术产业和数字内容产业发展。数字经济时代，政府还面临弥合数字鸿沟的艰巨任务，具体举措为建设数字政府、实现网络全覆盖、加强信息化教育，同时还要大力倡导大众创业万众创新。

第二章

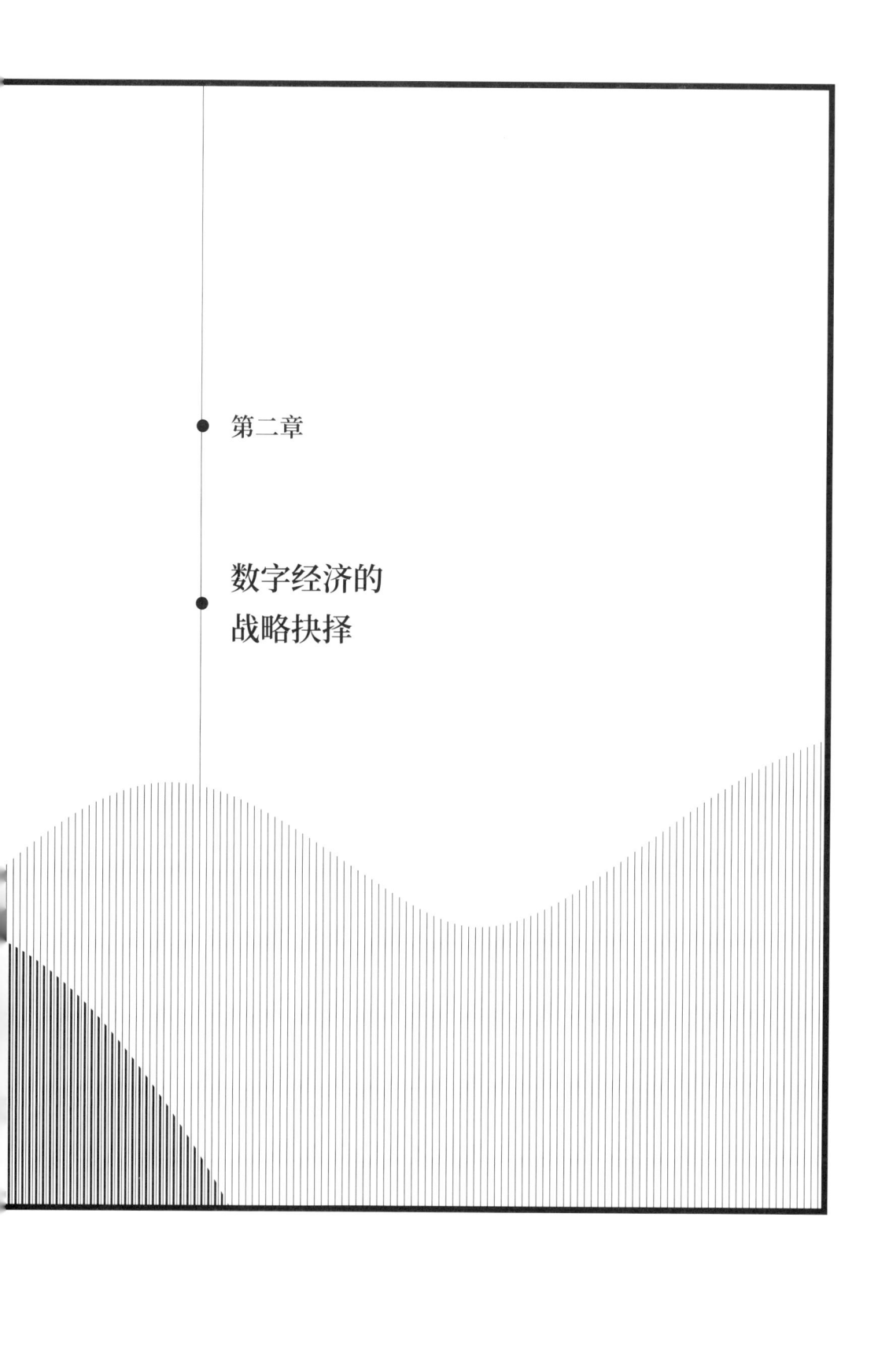

数字经济的
战略抉择

第一节
基础建设：加快企业和市场的数字化创新步伐

中国推动数字经济发展，首先要解决的问题是如何从国家和政府层面采取积极的战略行动保障数字经济加快发展。

一、加快企业和市场的数字化基础建设

因为信息化是数字经济发展的基础，大数据是数字经济发展的新平台、新手段和新途径，所以深入推进国家信息化战略和国家大数据战略，是加快数字经济时代企业和市场数字化基础建设的前提，是从国家和政府层面解决数字经济发展"最先一公里"的问题。

（一）深入推进国家信息化战略

当今世界，信息技术创新日新月异，以数字化、网络化、智能化为特征的信息化浪潮蓬勃兴起。全球信息化进入全面渗透、跨界融合、加速创新、引领发展的新阶段。谁在信息化上占据制高点，谁就能够掌握先机、赢得优势、赢得安全、赢得未来。

1. 信息化与数字经济的关系

早在 20 世纪 90 年代，数字经济的提法就已经出现。被称为"数字经济之父"的美国经济学家唐·塔普斯科特在 20 世纪 90 年代中期出版

了一本名为《数字经济》的著作，数字经济的概念进入理论界和学术界的研究视野。继而，曼纽尔·卡斯特的《信息时代：经济、社会与文化》、尼葛洛庞帝的《数字化生存》等著作相继出版，数字经济提法在全世界流行开来。此后，西方许多国家开始关注和推进数字经济发展，特别是美国以发展数字经济为口号大力推动信息产业发展，并缔造了上个世纪末美国的新经济神话。美国的信息产业1990年～2000年平均增长率达到6.47%，是其GDP（国内生产总值）增速的2倍；大量资金投入互联网企业，纳斯达克指数最高飙升到5000多点。但是，到了2001年美国的新经济神话被破灭，互联网企业纷纷倒闭关门。美国新经济神话的破灭使数字经济发展经历了短暂的低潮，也引起了学界许多学者对数字经济发展的质疑。

2004年以后，云计算、物联网等信息技术的出现，又将数字经济推向了新一次高峰。2008年国际金融危机波及全球经济，并重创传统金融行业。国外苹果、脸谱、谷歌、微软、亚马逊等数字公司基本上毫发无损。国内阿里巴巴、百度、腾讯等数字企业受影响也不大，为我国经济稳定增长作出了贡献。同时，大数据、人工智能、虚拟现实、区块链等技术的兴起为人们带来了希望，世界各国不约而同地将这些新的信息技术作为未来发展的战略重点。今天，数字经济引领创新发展，为经济增长注入新动力已经成为普遍共识。

通过数字经济的发展历程来看，数字经济可以泛指以网络信息技术为重要内容的经济活动。因此，从某种意义讲，数字经济也可以通俗理解为网络经济或信息经济。

现代信息技术日益广泛的应用，推动数字经济浪潮汹涌而至，成为带动传统经济转型升级的重要途径和驱动力量。根据数字经济的内涵和定义分析，信息化为数字经济发展提供必需的生产要素、平台载体和技术手段等重要条件。换言之，信息化是数字经济发展中的基础。信息化解决信息的到达（网络）和计算能力的廉价（云计算）及到达和计算能力的可靠性、安全性保障。具体表现为信息化对企业具有极大的战略意义和价值，能使企业在竞争中胜出，同时企业信息化的积极性最高，因此在信息化中企业占据主导地位。如近几年出现的云计算、人工智能、虚拟现实等信息化建设，均以企业为主体。主要是由于在信息社会，信息本身就是重要商品，人们大量地消费信息。数字经济的特点之一就是信息成为普遍的商品，主要任务是跨过从信息资源到信息应用的鸿沟。信息化是个人成长和需求发布和沟通的重要通道，是社会公平和教育普惠的基础，信息化使个人拥有极大空间。这是因为按需生产是数字经济的一个重要特征，而要做到按照需求合理地供给，必须靠信息。信息化是提升政府工作效率的有效手段，是连接社会的纽带。政府是信息化的使用者，同时由于信息化的复杂性，政府需要对信息化加强引导和监管。

2. 加快推进国家信息化战略

2017年，十二届全国人大五次会议首次将"数字经济"写入政府工作报告，并强调促进数字经济加快成长，让企业广泛受益、群众普遍受惠。衡量数字经济发展水平的主要标志是人均信息消费水平。我国尚处于信息社会的初级阶段，年人均信息消费（包括信息技术消费和通信技术消费）只有300美元左右，不到美国的1/10。今年出台的《国家信息化发展战略纲要》要求2020年信息消费总额达到6万亿元，人均信息消费约700美元。这仅相当于巴西2014年的信息消费水平，发展数字经济惠及大众还有很长的路要走。因此，未来一段时期内，我国要加快数字经济发展，培育经济新增长点，必须加快推进国家信息化战略。按照《国家信息化发展战略纲要》要求，围绕"五位一体"总体布局和"四个全面"战略布局，牢固树立创新、协调、绿色、开放、共享的发展理念，贯彻以人民为中心的发展思想，以信息化驱动现代化为主线，以建设网络强国为目标，着力增强国家信息化发展能力，着力提高信息化应用水平，着力优化信息化发展环境，让信息化造福社会、造福人民，为实现中华民族伟大复兴的中国梦奠定坚实基础。按照《国家信息化发展战略纲要》

要求，制定好国家信息化战略的时间表和路线图。（见表 2-1、图 2-1）

表 2-1：加快推进国家信息化战略的时间表

三步走	具体目标及指标
到 2020 年	固定宽带家庭普及率达到中等发达国家水平，第三代移动通信（3G）、第四代移动通信（4G）网络覆盖城乡，第五代移动通信（5G）技术研发和标准取得突破性进展。信息消费总额达到 6 万亿元，电子商务交易规模达到 38 万亿元。互联网国际出口带宽达到 20 太比特 / 秒（Tbps）。
到 2025 年	固定宽带家庭普及率接近国际先进水平，建成国际领先的移动通信网络，实现宽带网络无缝覆盖。信息消费总额达到 12 万亿元，电子商务交易规模达到 67 万亿元。互联网国际出口带宽达到 48 太比特 / 秒（Tbps）。
到 2050 年	信息化全面支撑富强民主文明和谐的社会主义现代化国家建设，网络强国地位日益巩固，在引领全球信息化发展方面有更大作为。

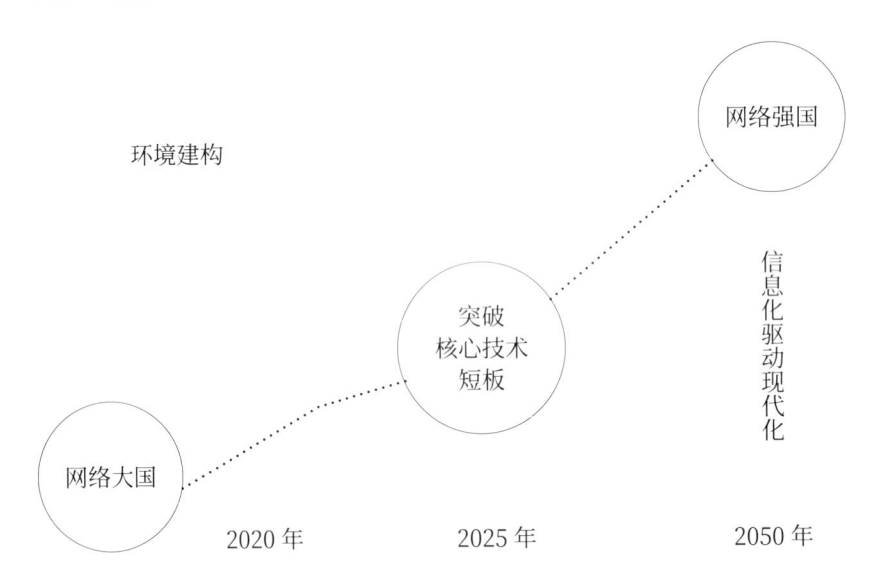

图 2-1：国家信息化战略路线图

3. 先行先试：加快国家信息经济示范区建设

2016年11月中央网信办、国家发改委共同批复同意浙江省设立国家信息经济示范区。浙江省国家信息经济示范区建设将着力加强深化供给侧结构性改革，落实G20杭州峰会数字经济发展与合作倡议成果，着力探索适合信息经济创新发展的新体制、新机制和新模式，以信息化培育新动能，用新动能推动新发展。要着力打造各具特色的试点城市；以世界互联网大会永久会址为载体，创建乌镇互联网创新发展试验区，努力推动浙江在"互联网+"、大数据产业发展、新型智慧城市、跨境电子商务、分享经济、基础设施智能化转型、信息化与工业化深度融合、促进新型企业家成长等方面走在全国前列，创造可复制、可推广的经验。浙江将在三个方面开展示范：一是打造经济发展新引擎，在制造业与互联网的深度融合、社会发展的深度应用、政府服务与管理的深度应用上开展示范；二是培育创新驱动发展新动能，突破信息经济核心关键技术，推进科技成果转化与应用，大力实施开放式创新；三是推进体制机制创新，重点在信息基础设施共建共享、互联网的区域开放应用和管控体系、公共数据资源开放共享、推动"互联网+"新业态发展、政府管理与服务等方面进行探索创新，以此持续释放信息经济发展红利[01]。

（二）加快推进国家大数据战略

随着云计算、大数据、移动互联网、物联网和人工智能的出现，推动了第二次信息革命——数据革命，进入数字经济2.0时代。此时期，大数据的迅速发展起到了更为关键的作用。

信息技术与经济社会的交汇融合引发了数据迅猛增长，数据已成为国家基础性战略资源，大数据正日益对全球生产、流通、分配、消费活动以及经济运行机制、社会生活方式和国家治理能力产生重要影响。尽

01　王国锋.浙江省国家信息经济示范区启动建设.钱江晚报.2016-11-16，B0002版.

管我国在大数据发展和应用方面已具备一定基础，拥有市场优势和发展潜力，但也存在政府数据开放共享不足、产业基础薄弱、缺乏顶层设计和统筹规划、法律法规建设滞后、创新应用领域不广等问题，亟待解决[01]。

1. 大数据发展形势及重要意义

目前，我国互联网、移动互联网用户规模居全球第一，拥有丰富的数据资源和应用市场优势，大数据部分关键技术研发取得突破，涌现出一批互联网创新企业和创新应用，一些地方政府已启动大数据相关工作。坚持创新驱动发展，加快大数据部署，深化大数据应用，已成为稳增长、促改革、调结构、惠民生和推动政府治理能力现代化的内在需要和必然选择。

（1）大数据成为推动经济转型发展的新动力。以数据流引领技术流、物质流、资金流、人才流，将深刻影响社会分工协作的组织模式，促进生产组织方式的集约和创新。大数据推动社会生产要素的网络化共享、集约化整合、协作化开发和高效化利用，改变了传统的生产方式和经济运行机制。大数据持续激发商业模式创新，不断催生新业态，已成为互联网等新兴领域促进业务创新增值、提升企业核心价值的重要驱动力。大数据产业正在成为新的经济增长点，将对未来信息产业格局产生重要影响。

（2）大数据成为重塑国家竞争优势的新机遇。在全球信息化快速发展的大背景下，大数据已成为国家重要的基础性战略资源，正引领新一轮科技创新。充分利用我国的数据规模优势，实现数据规模、质量和应用水平同步提升，发掘和释放数据资源的潜在价值，有利于更好发挥数据资源的战略作用，增强网络空间数据主权保护能力，维护国家安全，有效提升国家竞争力。

（3）大数据成为提升政府治理能力的新途径。大数据应用能够揭示传统技术方式难以展现的关联关系，推动政府数据开放共享，促进

---

01 国务院.促进大数据发展行动纲要.2015-09-15.

社会事业数据融合和资源整合，将极大提升政府整体数据分析能力，为有效处理复杂社会问题提供新的手段。建立"用数据说话、用数据决策、用数据管理、用数据创新"的管理机制，实现基于数据的科学决策，将推动政府管理理念和社会治理模式进步，加快建设与社会主义市场经济体制和中国特色社会主义事业发展相适应的法治政府、创新政府、廉洁政府和服务型政府，逐步实现政府治理能力现代化[01]。

2. 大数据与信息化、数字经济关系

信息技术与经济社会的交汇融合引发了数据迅猛增长，大数据应运而生。同时，大数据的迅速发展又掀起了新的信息化浪潮，为信息产业和数字经济发展提供了新机遇新挑战。

（1）大数据与信息化。与以往数据比较，大数据更多表现为容量大、类型多、存取速度快、应用价值高等特征，是数据集合。这些数据集合、这种海量数据的采集、存储、分析和运用必须以信息化作为基础，充分利用现代信息通信技术才能实现。

一是大数据推动了信息化新发展。大数据作为新的产业，它不但具备了第一产业的资源性，还具备了第二产业的加工性和第三产业的服务性，因此它是一个新兴的战略性产业，其开发利用的潜在价值巨大。实际上，我们对大数据开发利用的过程，即是推进信息化发展的过程。因为大数据加速了信息化与传统产业、行业的融合发展，掀起了新的信息化浪潮和信息技术革命，推动了传统产业、行业转型升级发展。所以，从这个层面讲，大数据推动信息化与传统产业、行业的融合发展的过程，也就是"互联网＋"深入发展的过程。"互联网＋"是一种新型经济形态，利用膨胀增长的信息资源推动互联网与传统行业相融合，促进各行业的全面发展。"互联网＋"的核心不在于"互联网"而在于"＋"，关键是融合。传统行业与互联网建立起有效的连接，打破信息的不对称，

---

[01] 国务院．促进大数据发展行动纲要．2015-09-15．

结合各自的优势，迸发出新的业态和创新点，从而实现真正的融合发展。而大数据在"互联网+"的发展中扮演着重要的角色，大数据服务、大数据营销、大数据金融等，都将共同推进"互联网+"的进程，促进互联网与各行各业的融合发展。未来的"互联网+"模式是去中心化，最大限度连接各个传统行业中最具实力的合作伙伴，使之相互融合，整个生态圈的力量才是最强大的[01]。

二是大数据是信息化的表现形式，或者是信息化的实现途径和媒介。在数字经济时代，信息技术同样是经济发展的核心要素，只是信息更多由数据体现，并且这种数据容量越来越大、类型越来越复杂、变化速度越来越快。所以，需要对数据进行采集、存储、加工、分析，形成数据集合——大数据。因此，大数据既是信息化新的表现形式，又是新的信息化实现的途径和媒介。

（2）大数据与数字经济。大数据与数字经济都以信息化为基础，并且均与互联网相互联系，所以要准确理解大数据与数字经济的关系，必须以互联网（更准确讲是"互联网+"）为联系纽带进行分析。腾讯董事会主席兼首席执行官马化腾领衔撰写的新书《数字经济：中国创新增长新动能》指出互联网是新兴技术和先进生产力的代表，"互联网+"强调的是连接，是互联网对其他行业提升激活、创新赋能的价值迸发；而数字经济呈现的则是全面连接之后的产出和效益。即"互联网+"是手段，数字经济是结果。数字经济概念与"互联网+"战略的主题思想一脉相承。数字经济发展的过程也是"互联网+"行动落地的过程，是新旧经济发展动能转换的过程，也是传统行业企业将云计算、大数据、人工智能等新技术应用到产品和服务上，融合创新、包容发展的过程。由此看来，大数据是传统行业与互联网融合的一种有效的手段；同时大数据也是数字经济结果实现的新平台、新手段和新途径，大数据推进了

---

01 贾元昕、杨明川、孙静博.大数据在"互联网+"进程中的应用.电信技术，2015（06）.

"互联网+"行动落地的过程，推进了新旧经济发展动能转换的过程；大数据加快互联网与传统产业深度融合，加快传统产业数字化、智能化，为做大做强数字经济提供必要条件和手段。数字经济时代，经济发展必然以数据为核心要素。

3. 加快推进国家大数据战略

国务院于 2015 年 9 月 5 日发布了《促进大数据发展行动纲要》（以下简称《纲要》）。《纲要》提出用 5～10 年时间，实现打造精准治理、多方协作的社会治理新模式，建立运行平稳、安全高效的经济运行新机制，构建以人为本、惠及全民的民生服务新体系，开启大众创业、万众创新的创新驱动新格局，培育高端智能、新兴繁荣的产业发展新生态等五大发展目标。《纲要》提出重点完成加快政府数据开放共享，推动资源整合，提升治理能力；推动产业创新发展，培育新兴业态，助力经济转型；强化安全保障，提高管理水平，促进健康发展三个方面的任务要求。《纲要》就上述目标任务提出加快建设政府数据资源共享开放工程、国家大数据资源统筹发展工程、政府治理大数据工程、公共服务大数据工程、工业和新兴产业大数据工程、现代农业大数据工程、万众创新大数据工程、大数据关键技术及产品研发与产业化工程、大数据产业支撑能力提升工程和网络和大数据安全保障工程等十大系统工程。（参见图 2-2）

```
                    ┌ 社会治理新模式
                    │ 经济运行新机制
           发展目标 ┤ 民生服务新体系
                    │ 创新驱动新格局
大                  └ 产业发展新生态       ┌ 政府数据资源共享开放工程
数                                          │ 国家大数据资源统筹发展工程
据                    ┌ 数据开放共享推动资   │ 政府治理大数据工程
发                    │ 源整合提升治理能力   └ 公共服务大数据工程
展                    │
行         主要任务 ┤ 产业创新发展培育新   ┌ 工业和新兴产业大数据工程
动                    │ 型业态助力经济转型   │ 现代农业大数据工程
                      │                       │ 万众创新大数据工程
                      │                       │ 大数据关键技术及产品研发与产业化工程
                      │                       └ 大数据产业支撑能力提升工程
                      │ 强化安全保障提高管
                      └ 理水平促进健康发展   { 网络和大数据安全保障工程
```

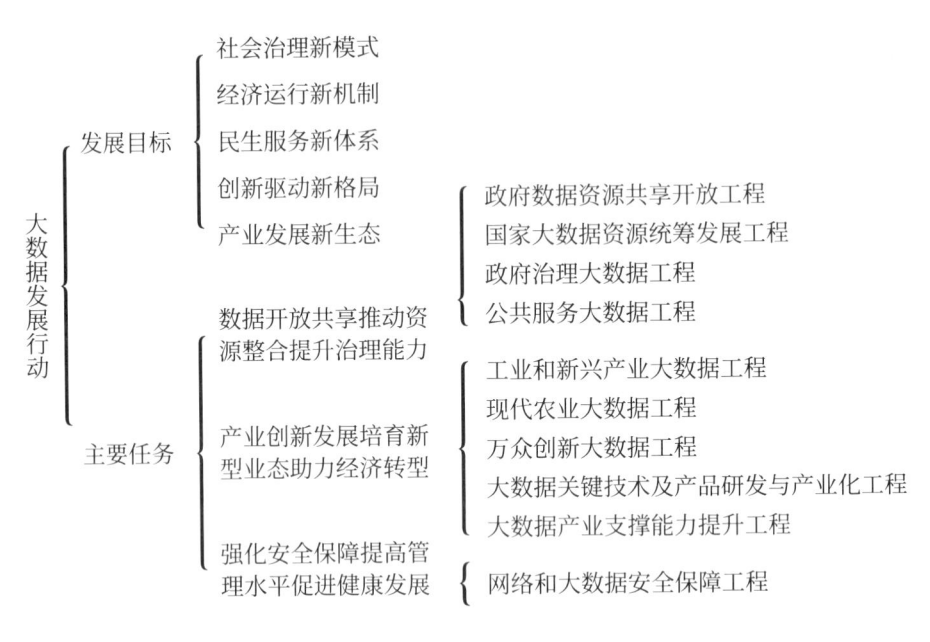

图 2-2：大数据发展行动纲要目标及任务

此外，还需要从法规制度、市场机制、标准规范、财政金融、人才培养和国际合作等方面，为大数据推动数字经济发展提供政策保障。

4. 加快国家大数据综合实验区建设

为贯彻落实国务院《促进大数据发展行动纲要》，2015 年 9 月，贵州启动全国首个大数据综合试验区建设工作。2016 年 2 月，国家发改委、工信部、中央网信办三部门批复同意贵州建设全国首个国家级大数据综合试验区。2016 年 10 月 8 日，国家发展改革委、工业和信息化部、中央网信办发函批复，同意在京津冀等七个区域推进国家大数据综合试验区建设，这是继贵州之后第二批获批建设的国家级大数据综合试验区。此次批复的国家大数据综合试验区包括两个跨区域类综合试验区（京津冀、珠江三角洲），四个区域示范类综合试验区（上海市、河南省、重庆市、沈阳市），一个大数据基础设施统筹发展类综合试验区（内蒙古）。其中，跨区域类综合试验区定位是，围绕落实国家区域发展战略，更加注重数据要素流通，以数据流引领技术流、物质流、资金流、人才流，支撑跨区域公共服务、社会治理、和产业转移，促进区域一体化发展；区域示范类综合试验区定位是，积极引领东部、中部、西部、东北等"四大板块"发展，更加注重数据资源统筹，加强大数据产业集聚，发挥辐射带动作用，促进区域协同发展，实现经济提质增效；基础设施统筹发展类综合试验区定位是，在充分发挥区域能源、气候、地质等条件基础上，加大资源整合力度，强化绿色集约发展，加强与东、中部产业、人才、应用优势地区合作，实现跨越发展。第二批国家大数据综合试验区的建设，是贯彻落实国务院《促进大数据发展行动纲要》的重要举措，将在大数据制度创新、公共数据开放共享、大数据创新应用、大数据产业聚集、大数据要素流通、数据中心整合利用、大数据国际交流合作等方面进行试验探索，推动我国大数据创新发展[01]。

二、进一步优化数字经济发展的市场环境

国家信息化战略和大数据战略的深入实施，大大提高了企业和市场的数字化基础建设的水平，分别为数字经济发展提供了重要基础和新平台。另外，数字经济的发展还需要具备良好的市场环境。

（一）加强企业数字化建设

我国企业数字化建设仍然处于基础设施建设阶段，深层次应用与创新有待进一步提高。在占我国工商企业总数 99% 的中小企业中，虽然有高达 80% 的中小企业具有接入互联网的能力，但用于业务应用的只

01　促进大数据发展部际联席会议办公室秘书处．秘书处研究组．第二批七个国家大数据综合试验区获批．2016-10-18．

占44.2%[01]，相当多的企业仅仅是建立了门户网站，真正实现数字化服务、生产与管理全方位协同发展的企业少之又少。（具体参见表2-2、图2-3）根据2017年1月中央网络安全和信息化领导小组办公室、国家互联网信息办公室、中国互联网络信息中心联合发布的《中国互联网络发展状况统计报告》（2017年1月）数据显示，受访企业对云计算、物联网与大数据三类新技术的认知程度分别为57.9%、53.4%和52.1%，有近40%的企业对新技术认知不够。企业对云计算、物联网与大数据技术的采用／计划采用比例，相比2015年明显提高，但是大体比例均在20%左右，企业技术创新步伐有待提高，直接影响企业转型升级发展。服务企业对一站式服务、个性化服务、社会化协作平台等创新服务模式的认知比例分别为65.9%、51.3%和41.7%，基本与2015年水平持平。

表2-2：2011年～2016年中国企业互联网基础建设情况

年份	2011年	2012年	2013年	2014年	2015年	2016年
计算机使用比例	88.8%	91.3%	93.1%	90.4%	95.2%	99.0%
互联网使用比例	82.1%	78.5%	83.2%	78.7%	89.0%	95.6%
固定宽带接入互联网使用比例	74.7%	71.0%	79.6%	77.4%	86.3%	93.7%

注：表中数据来源于《中国互联网络发展状况统计报告》（2017年1月）。

---

01 世界银行.增强可及性，扩大影响力（中文综述）.促进发展的信息通信技术（IC4D）报告.2009年.

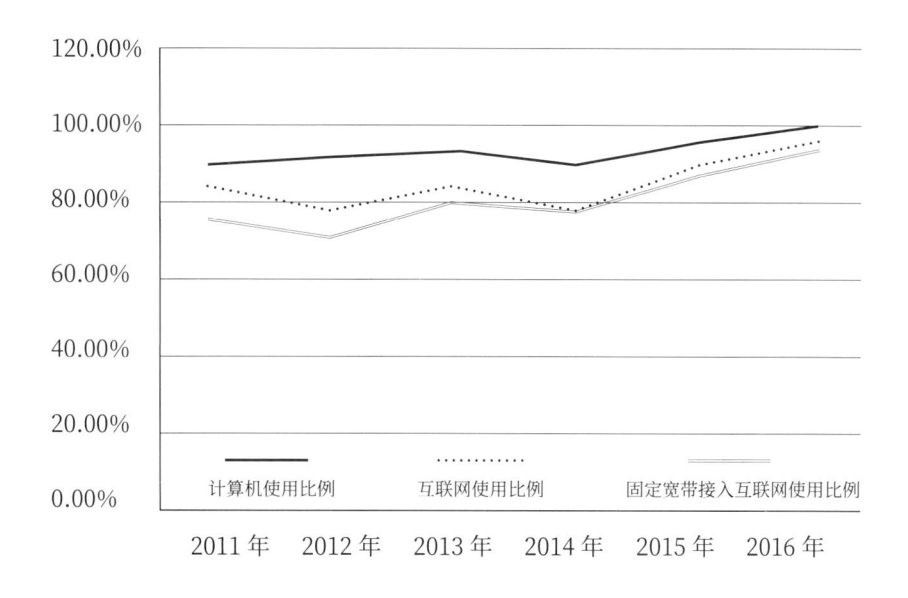

图 2-3：2011 年～2016 年中国企业互联网基础建设图

因此，加强企业数字化建设，是企业发展数字经济，抢占新经济"蓝海"当务之急。鼓励企业加大数字化建设投入，积极开展数字经济立法，不断优化市场环境和规范市场竞争，是加快我国企业和市场数字化创新步伐的必然要求。

（二）优化互联网市场环境

目前，市场数字化呈现快速发展趋势，但市场环境仍然不成熟。根据互联网实验室 2011 年发布的《中国互联网行业垄断状况调查及对策研究报告》，我国互联网行业已经由自由竞争步入寡头竞争时代。但是，由于互联网市场监管法规不完善，处于支配地位的寡头经营者很容易利用技术壁垒和用户规模形成垄断，从而损害消费者的福利和抑制互联网行业技术创新，由此导致网络不正当竞争行为层出不穷。2010 年以来，互联网领域相继爆发"3Q 大战"、蒙牛与伊利"诽谤门"等网络恶性竞争事件，对网络产业的生态环境产生巨大负面影响。由于网络环境的虚拟性、开放性，网络恶性竞争行为更加隐蔽、成本更低、危害更大，不仅是损害个别企业的利益，更加影响到公平、诚信的竞争秩序，对数字化市场的发展环境构成严重威胁[01]。

综上所述，中国数字经济已经扬帆起航，正在引领经济增长从低起点高速追赶走向高水平稳健超越、供给结构从中低端增量扩能走向中高端供给优化、动力引擎从密集的要素投入走向持续的创新驱动、技术产业从模仿式跟跑、并跑走向自主型并跑、领跑全面转型，为最终实现经济发展方式的根本性转变提供了强大的引擎[02]。

01　何枭吟.数字经济发展趋势及我国的战略抉择[J].现代经济探讨，2013（03）.

02　张新红.数字经济与中国发展[J].电子政务，2016（11）.

第二节
融合发展：调整产业结构，提高信息化程度

数字经济正在引领传统产业转型升级，数字经济正在改变全球产业结构，数字经济正在改变企业生产方式。那么，数字经济时代政府如何调整产业结构，提高信息化程度，紧紧跟随数字经济发展潮流和趋势，是必须面对的新时代课题。

一、大数据驱动产业创新发展

新形势下发展数字经济需要推动大数据与云计算、物联网、移动互联网等新一代信息技术融合发展，探索大数据与传统产业协同发展的新业态、新模式，促进传统产业转型升级和新兴产业发展，培育新的经济增长点。

（一）大数据驱动工业转型升级

推动大数据在工业研发设计、生产制造、经营管理、市场营销、售后服务等产品全生命周期、产业链全流程各环节的应用，分析感知用户需求，提升产品附加价值，打造智能工厂。建立面向不同行业、不同环节的工业大数据资源聚合和分析应用平台。抓住互联网跨界融合机遇，促进大数据、物联网、云计算和三维（3D）打印技术、个性化定制等

在制造业全产业链集成运用，推动制造模式变革和工业转型升级。

（二）大数据催生新兴产业

大力培育互联网金融、数据服务、数据探矿、数据化学、数据材料、数据制药等新业态，提升相关产业大数据资源的采集获取和分析利用能力，充分发掘数据资源支撑创新的潜力，带动技术研发体系创新、管理方式变革、商业模式创新和产业价值链体系重构，推动跨领域、跨行业的数据融合和协同创新，促进战略性新兴产业发展、服务业创新发展和信息消费扩大，探索形成协同发展的新业态、新模式，培育新的经济增长点。

（三）大数据驱动农业农村发展

构建面向农业农村的综合信息服务体系，为农民生产生活提供综合、高效、便捷的信息服务，缩小城乡数字鸿沟，促进城乡发展一体化。加强农业农村经济大数据建设，完善村、县相关数据采集、传输、共享基础设施，建立农业、农村数据采集、运算、应用、服务体系，强化农村生态环境治理，增强乡村社会治理能力。统筹国内、国际农业数据资源，强化农业资源要素数据的集聚利用，提升预测预警能力。整合构建国家涉农大数据中心，推进各地区、各行业、各领域涉农数据资源的共享开放，加强数据资源发掘运用。加快农业大数据关键技术研发，加大示范力度，提升生产智能化、经营网络化、管理高效化、服务便捷化能力和水平。

（四）推进基础研究和核心技术攻关

围绕数据科学理论体系、大数据计算系统与分析理论、大数据驱动的颠覆性应用模型探索等重大基础研究进行前瞻布局，开展数据科学研究，引导和鼓励在大数据理论、方法及关键应用技术等方面展开探索。采取政产学研用相结合的协同创新模式和基于开源社区的开放创新模式，加强海量数据存储、数据清洗、数据分析发掘、数据可视化、信息安全与隐私保护等领域关键技术攻关，形成安全可靠的大数据技术体系。支持自然语言理解、机器学习、深度学习等人工智能技术创新，提升数据分析处理能力、知识发现能力和辅助决策能力。

（五）形成大数据产品体系和产业链

　　围绕数据采集、整理、分析、发掘、展现、应用等环节，支持大型通用海量数据存储与管理软件、大数据分析发掘软件、数据可视化软件等软件产品和海量数据存储设备、大数据一体机等硬件产品发展，带动芯片、操作系统等信息技术核心基础产品发展，打造较为健全的大数据产品体系。大力发展与重点行业领域业务流程及数据应用需求深度融合的大数据解决方案。

　　支持企业开展基于大数据的第三方数据分析发掘服务、技术外包服务和知识流程外包服务。鼓励企业根据数据资源基础和业务特色，积极发展互联网金融和移动金融等新业态。推动大数据与移动互联网、物联网、云计算的深度融合，深化大数据在各行业的创新应用，积极探索创新协作共赢的应用模式和商业模式。加强大数据应用创新能力建设，建立政产学研用联动、大中小企业协调发展的大数据产业体系。建立和完善大数据产业公共服务支撑体系，组建大数据开源社区和产业联盟，促进协同创新，加快计量、标准化、检验检测和认证认可等大数据产业质量技术基础建设，加速大数据应用普及。

二、"互联网+"推动产业融合发展

　　2015年3月5日，李克强总理在十二届全国人大三次会议政府工作报告中首次提出"互联网+"行动计划。2015年7月，国务院发布《关于积极推进"互联网+"行动的指导意见》，明确了"互联网+"的11

个重点行动领域：创业创新、协同制造、现代农业、智慧能源、普惠金融、益民服务、高效物流、电子商务、便捷交通、绿色生态、人工智能。

（一）推进企业互联网化

数字经济引领传统产业转型升级的步伐开始加快。以制造业为例，工业机器人、3D 打印机等新装备、新技术在以长三角、珠三角等为主的中国制造业核心区域的应用明显加快。

1."互联网+"树立企业管理新理念

企业互联网思维包含极致用户体验（User Experience）、免费商业模式（Freemium）和精细化运营（Operation）三大要素，三大要素相互作用，形成一个完整的体系（或称互联网 UFO 模型）。互联网思维是在互联网时代的大背景下，传统行业拥抱互联网的重要思考方式和企业管理新理念。（参见图 2-4）

图 2-4：企业互联网思维模型

通过图 2-4 可以看出，互联网时代对企业生产、运营、管理和营销等诸多方面提出了新要求，企业必须转变传统思维模式，树立互联网思维模式。运用大数据等现代信息技术实现企业的精细化运营；坚持以用户心理需求为出发点，转变经营理念，秉承极少主义、快速迭代和微创新原则，实现产品的极致用户体验，例如腾讯公司、360 公司用户开发方面的成功案例，即是最好例证；实行看似免费的商业模式，加强企业与用户的联系，同样是腾讯公司、360 公司将这一思维模式发挥到极致。

2. 推进企业互联网化的行动保障

政府通过加大中央预算内资金投入力度，引导更多社会资本进入，分步骤组织实施"互联网+"重大工程，重点促进以移动互联网、云计算、大数据、物联网为代表的新一代信息技术与制造、能源、服务、农业等领域的融合创新，发展壮大新兴业态，打造新的产业增长点。统筹利用现有财政专项资金，支持"互联网+"相关平台建设和应用示范；开展股权众筹等互联网金融创新试点，支持小微企业发展；降低创新型、成长型互联网企业的上市准入门槛，结合《证券法》修订和股票发行注册制改革，支持处于特定成长阶段、发展前景好但尚未盈利的互联网企业在创业板上市。鼓励开展"互联网+"试点示范，推进"互联网+"区域化、链条化发展。支持全面创新改革试验区、中关村等国家自主创新示范区、国家现代农业示范区先行先试，积极开展"互联网+"创新政策试点，破除新兴产业行业准入、数据开放、市场监管等方面政策障碍，研究适应新兴业态特点的税收、保险政策，打造"互联网+"生态体系。

（二）推进产业互联网化

推进产业互联网化，就是推动互联网向传统行业渗透，加强互联网企业与传统行业跨界融合发展，提高传统产业的数字化、智能化水平，由此做大做强数字经济，拓展经济发展新空间。数字经济特有的资源性、加工性和服务性，为产业互联网化提供更为广阔的空间。总体讲，产业互联网化就是推进互联网与第一产业、第二产业和第三产业的深度融合、跨界发展。产业互联网化的过程即是传统产业转型发展、创新发展和升级发展的过程。（见图 2-5）

```
                    ┌─ 第一产业
                    │  农业 林业 牧业 渔业
                    │
                    ├─ 第二产业
                    │  采矿业 制造业 建筑业
                    │
  产业"互联网+"  ──┤
                    ├─ 第三产业
                    │  交通 金融 教育 医疗 旅游
                    │  文化娱乐 房地产 居民服务……
```

图 2-5：产业"互联网+"示意图

目前，应该以坚持供给侧结构改革为主线，重点推进农业互联网化，这是实现农业现代化的重要途径；重点推进制造业互联网化，这是实现制造业数字化、智能化的重要途径；重点推进服务产业的互联网化，这是推进第三产业数字化发展的重要手段。大数据的迅猛发展，加快了产业"互联网+"行动进程。未来一段时期内，大数据将驱动金融、教育、医疗、交通和旅游等行业快速发展。（见图 2-6）

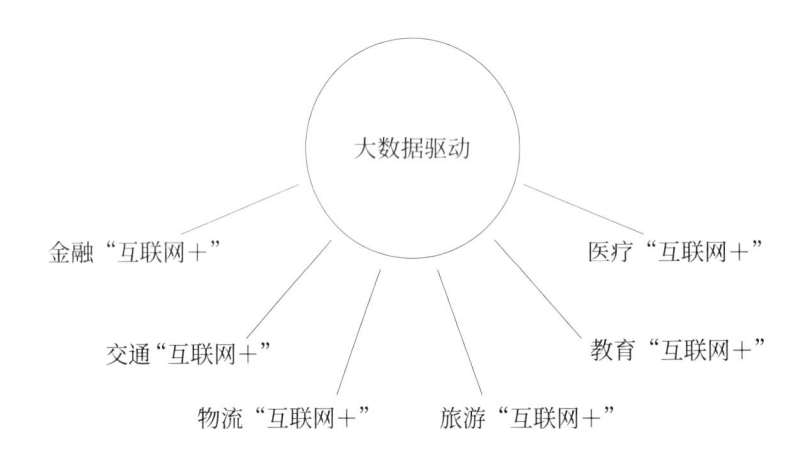

图 2-6：大数据驱动产业"互联网+"

三、加快信息技术产业和数字内容产业发展

在数字经济时代，发达国家经济增长的决定性因素由要素投入的"规模效应"转变为知识"溢出效应"，以信息数字技术为核心的知识密集型产业正在成为新的经济增长点。我国也应该顺应知识密集型产业发展的历史潮流，加快新一代信息技术创新，积极发展数字内容产业，通过产业融合和链条经济推动产业结构升级调整。

（一）加强新一代信息技术产业发展

当前，以云计算、物联网、下一代互联网为代表的新一代信息技术创新方兴未艾，广泛渗透到经济社会的各个领域，成为促进创新、经济增长和社会变革的主要驱动力。2010年10月，国务院《关于加快培育和发展战略性新兴产业的决定》，提出要加快发展新一代信息技术产业，加快建设宽带、泛在、融合、安全的信息网络基础设施，推动新一代移动通信、下一代互联网核心设备和智能终端的研发及产业化；快推进三网融合，促进物联网、云计算的研发和示范应用，数字经济在我国将迎来前所未遇的发展机遇。然而，由于我国是在工业化的历史任务远没有完成的背景之下发展数字经济，必须积极通过新一代信息技术创新，发挥新一代信息技术带动力强、渗透力广、影响力大的特点，充分利用后发优势推动工业、服务业结构升级，走信息化与工业化深度融合的新型工业化道路。在实践方面，中国移动、中国联通、中国电信三大电信运营商和华为、中兴等电信设备提供商在积极探索、推动以3G、无线上网、宽带接入为核心的信息通信技术的发展，并取得了一定的成果，我国的信息通信产业正在日益成熟。

（二）重视数字内容产业的发展

数字经济已经从"硬件为王""软件为王"进入"内容为王"的时代，

数字内容产业正逐渐成为增长最快的产业。然而，同数字经济发达国家比较，我国数字内容产业在产业链条、产业规划和法律环境等方面还存在一定的差距。发达国家数字内容产业通常以内容产品为核心，通过产业前向和后向关联机制衍生出产业链条；国内数字内容产业则"有产无链"，没有充分发挥数字内容产业所蕴含的链条经济效应。当前数字内容产业在各省份、地区蜂拥而上，缺乏国家层面的规划布局，造成重复建设、同质竞争和资源浪费，不利于产业未来做大做强。国内知识产权保护意识薄弱，各种侵权行为层出不穷，严重侵害了数字内容产品开发者的利益，大大抑制了数字内容产业的创新步伐。因此，我国必须统筹制定数字内容产业发展规划，加大知识产权保护力度，以链条经济充分带动数字内容产业的发展[01]。

总之，数字经济在我国已经扬帆起航，数字经济正在打破传统的产业发展格局。为此，政府需要从数字经济发展的平台建设、"互联网+"行动计划、重视数字内容产业发展等方面采取措施，推进新形势下我国产业结构调整，提高信息化程度，积极应对数字经济发展。

---

01 何枭吟. 数字经济发展趋势及我国的战略抉择[J]. 现代经济探讨，2013（03）.

第三节
共享参与：弥合数字鸿沟，平衡数字资源

数字改变生活，数字经济发展也正在改变我们的明天。数字经济时代，社会和公众如何共享参与数字经济发展，使经济社会发展的成果惠及全社会和广大民众。这才是国家加快数字经济发展的出发点和最终落脚点。

一、弥合数字鸿沟，平衡数字资源

目前，我国数字经济发展的最显著优势是网民众多，网民众多有利于我国成功从人口红利向网民红利转变。但是，以互联网为代表的数字革命普及和应用的不平衡现实客观存在。

（一）数字鸿沟的主要表现
1. 网民城乡分布不均衡

截至 2016 年 12 月，中国农村网民规模达到 2.01 亿，较 2015 年底增加 526 万人，但仅占同期全国网民总数的 27.4%[01]。同期城镇地区互联网普及率为 69.1%，农村互联网普及率仅为 33.1%，城乡互联网

---

01 中央网络安全和信息化领导小组办公室、国家互联网信息办公室、中国互联网络信息中心. 中国互联网络发展状况统计报告 .2017（01）.

普及率相差 36 个百分点。

2. 网民地区分布不均衡

截至 2016 年 12 月，中国内地 31 个省、自治区、直辖市中网民数量超过千万规模的为 267 个，与 2015 年持平。其中，网民规模增速排名靠前的省份为江西省和安徽省，增速率分别为 15.7% 和 13.6%。但是由于各地区经济发展水平、互联网基础设施建设方面存在差异，数字鸿沟现象依然存在。我国各地区互联网发展水平与经济发展速度关联度较高，普及率排名靠前的省份主要集中在华东地区，而普及率排名靠后的省份主要集中在西南地区。（参见表 2-3）

表 2-3：2016 年底分省区网民规模即互联网普及率比较

省 份	网民规模（万人）	互联网普及率 %	普及率排名
北 京	1690	77.8	1
上 海	1791	74.1	2
广 东	8024	74.0	3
福 建	2678	69.7	4
浙 江	3632	65.6	5
天 津	999	64.6	6
辽 宁	2741	62.6	7
江 苏	4513	56.6	8
山 西	2035	55.5	9
新 疆	1926	54.9	10
青 海	320	54.5	11
河 北	3956	53.3	12
山 东	5207	52.9	13
山 西	1989	52.4	14
内蒙古	1311	52.2	15

海 南	470	51.6	16
重 庆	1556	51.6	17
湖 北	3009	51.4	18
吉 林	1402	50.9	19
宁 夏	339	50.7	20
黑龙江	1835	48.1	21
西 藏	149	46.1	22
广 西	2213	46.1	23
江 西	2035	44.6	24
湖 南	3013	44.4	25
安 徽	2721	44.3	26
四 川	3575	43.6	27
河 南	4110	43.4	28
贵 州	1524	43.2	29
甘 肃	1101	42.4	30
云 南	1892	39.9	31
全 国	73125	53.2	--

注：数据来源于《中国互联网络发展状况统计报告》（2017-01）。

根据表2-3数据显示，截止到2016年12月，全国有19个省、自治区、直辖市互联网普及率未达到全国水平，其中互联网普及率最高的北京市（77.8%）比互联网普及率最低的云南省（39.9%）高出37.9个百分点，二者相差近1倍。

3. 不同群体数字鸿沟显著

低学历群体依然是数字时代的"弱势群体"。国外数字鸿沟研究显示，数字鸿沟的存在不仅取决于网络设施普及程度，更取决于人们运用数字技术的知识与能力。这种现象在我国当前的数字鸿沟中表现十分明显。2010 年我国小学及以下学历和初中学历人口上网率分别为 10.7% 和 28.8%，而高中学历和大专及以上学历人口的上网率高达 86.7% 和 88.5%。不同学历群体间存在巨大的数字鸿沟，这主要是因为低学历群体缺乏必要的网络知识技能和更强的学习能力[01]。第 39 次《中国互联网络发展状况统计报告》数据显示，上网技能缺失以及文化水平限制仍是阻碍非网民上网的重要原因。其中因不懂电脑、网络，不懂拼音等知识水平限制而不上网的网民占比分别为 54.5% 和 24.2%；由于不需要、不感兴趣而不上网的非网民占比为 13.5%；受没有电脑，当地无法连接互联网等上网设施限制而无法上网的非网民占比为 12.8%[02]。

（二）弥合数字鸿沟具体举措

前文通过对我国网民城乡建、地区间和不同群体间的比较可以看出，目前数字鸿沟是阻碍社会共享参与数字经济发展的最大障碍。因此，弥合数字鸿沟，平衡数字资源，是促进社会共享参与数字经济发展的必然要求。具体举措如下：

1. 建设数字政府

通过提升 WiFi 网络覆盖面和上网便捷性，加快推动和实现政府数据的开放和应用，引领大数据及相关产业的创新或研究，建立和整合市政府公共云数据中心，推动和推广政府部门电子政务移动服务等措施加快数字政府建设，提升政府对民众参与数字经济的服务水平和能力。

2. 实现网络全覆盖

通过加大信息网络基础设施建设，尽快实现网络全面覆盖城乡，均等加大不同地区网络建设投入力度，使数字经济成果惠及不同区域、不

---

01 何枭吟. 数字经济发展趋势及我国的战略抉择 [J]. 现代经济探讨，2013（03）：15.
02 中央网络安全和信息化领导小组办公室、国家互联网信息办公室、中国互联网络信息中心. 中国互联网络发展状况统计报告. 2017-01.

同地区、不同群体。

3. 加强信息化教育

通过引用数字化手段帮助贫困家庭儿童求学、求知，提高综合素质，提升上网技能；加快城镇化进程，实现农村不上网群体生产生活转变，提高民众参与数字经济发展的热情。

二、大力倡导大众创业、万众创新

适应国家创新驱动发展战略，实施大数据创新行动计划，鼓励企业和公众发掘利用开放数据资源，激发创新、创业活力，促进创新链和产业链深度融合，推动大数据发展与科研创新有机结合，形成大数据驱动型的科研创新模式，打通科技创新和经济社会发展之间的通道，推动万众创新、开放创新和联动创新。

（一）扶持社会创新发展[01]

数字经济是未来经济发展的新蓝海，蕴藏巨大的商机和展现更为广阔的市场。面对数字经济带来的新机遇、新挑战，政府应该帮助社会创新发展，因为只有创新才能使社会大众从数字经济的金矿里挖掘更多的"金子"。

1. 鼓励和扶持大学生和职业院校毕业生创业

实施"大学生创业引领计划"，培育大学生创业先锋，支持大学生（毕业5年内）开展创业、创新活动。通过创业、创新座谈会、聘请专家讲座等形式鼓励和引导大学生创业、创新。积极扶持职业中专、普通中专学校毕业生到各领域创业，享受普通高校毕业生的同等待遇。免费为职业学校毕业生提供创业咨询、法律援助等服务。

---

01 国务院.国务院关于大力推进大众创业万众创新若干政策措施的意见.2015-06-16.

2. 持机关事业单位人员创业

对于机关事业单位工作人员经批准辞职创业的，辞职前的工作年限视为机关事业社保缴费年限，辞职创业后可按机关事业保险标准自行续交，退休后享受机关事业单位保险机关待遇。

3. 鼓励专业技术人员创业

鼓励专业技术人员创业，探索高校、科研院所等事业单位专业技术人员在职创业、离岗创业的有关政策。对于离岗创业的，经原单位同意，可在3年内保留人事关系，与原单位其他在岗人员同等享有参加职称评聘、岗位等级晋升和社会保险等方面的权利。鼓励利用财政性资金设立的科研机构、普通高校、职业院校，通过合作实施、转让、许可和投资等方式，向高校毕业生创设的小型企业优先转移科技成果。完善科技人员创业股权激励政策，放宽股权奖励、股权出售的企业设立年限和盈利水平限制。

4. 创造良好创业、创新政策环境

简化注册登记事项，工商部门实行零收费，同时实行创业补贴和税收减免政策。取消最低注册资本限制，实行注册资本认缴制；清理工商登记前置审批项目，推行"先照后证"登记制度；放宽住所登记条件，申请人提供合法的住所使用证明即可办理登记；加快"三证合一"登记制度改革步伐，推进实现注册登记便利化。

5. 实行优惠电商扶持政策

依托"互联网+"、大数据等，推动各行业创新商业模式，建立和完善线上与线下、境内与境外、政府与市场开放合作等创业创新机制。全面落实国家已明确的有关电子商务税收支持政策，鼓励个人网商向个体工商户或电商企业转型，对电子商务企业纳税有困难且符合减免条件的，报经地税部门批准，酌情减免地方水利建设基金、房产税、城镇土地使用税；支持电子商务及相关服务企业参与高新技术企业、软件生产企业和技术先进型服务企业认定，如符合条件并通过认定的，可享受高新技术企业等相关税收优惠政策。

（二）规范和维护网络安全

随着移动互联网各种新生业务的快速发展，网民网络安全环境日趋复杂。为此，政府需要加强法律制度建设，提高网民网络安全意识，维护社会公共利益，保护公民、法人和其他组织的合法权益，促进经济社会信息化健康发展。

1. 网民安全感现状

目前，网络安全事件依然对大部分网民构成影响。根据第 39 次《中国互联网络发展状况统计报告》数据显示，三成以上网民对网络安全环境持信任态度，认为上网环境"非常安全"和"比较安全"的占比为 38.8%；而认为上网环境"不太安全"和"很不安全"的用户占比也达到 20.3%。2016 年遭遇过网络安全事件的用户占比达到网民总数的 70.5%，其中网上诈骗是网民遭遇到的首要网络安全问题，39.1% 的网民曾遭遇过这类网络安全事件。（见表 2-4、图 2-7）

表 2-4：2016 年网民网络安全感调查

安全感类型	非常安全	比较安全	一般	很不安全	不太安全
比例 %	10.3	28.5	40.8	4.7	15.6

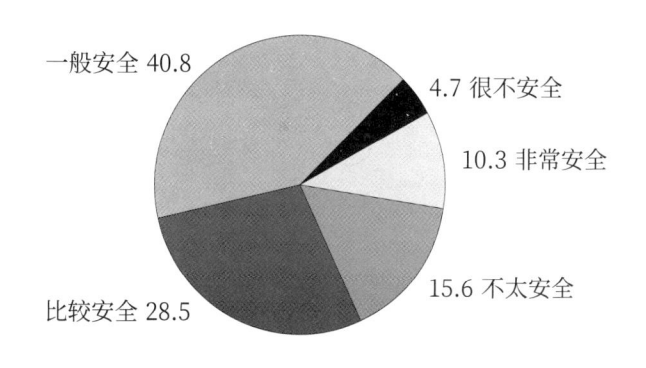

图 2-7：2016 年网民网络安全感知比例图

2. 网络安全事件类型

我国网民面临的主要网络安全事件包括网上诈骗、设备中病毒或木马、账号或密码被盗、个人信息泄露等情况。2016 年，各类网络安全事件发生情况如下：网上诈骗占 39.1%，设备中病毒或木马占 36.2%，账号或密码被盗占 33.8%，个人信息泄露占 32.9%，另外其他情况为 29.5%。初步统计，2016 年，我国网民因为诈骗信息、个人信息泄露等遭受的经济损失人均 133 元，总体经济损失约 915 亿元。数据使用管理不规范，个人信息安全保护不力，既损害了公众利益，影响社会安定，也打击了社会公众开放共享数据信息的信心，不利于大数据产业的长远发展，影响我国经济的转型升级[01]。（见表 2-5、图 2-8）

表 2-5：2016 年网民遭遇安全事件情况

类型	网上诈骗	设备中病毒或木马	账号或密码被盗	个人信息泄露	以上都没有
比例	39.1%	36.2%	33.8%	32.9%	29.5%

- 网上诈骗 39.10%
- 设备中病毒 36.20%
- 账号密码被盗 33.80%
- 个人信息泄露 32.90%
- 其他 29.5%

图 2-8：2016 年网民遭遇安全事件情况

01　全国人大代表陈琼：建设加强大数据环境下个人信息安全保护．中安在线．2017-03-08，http：//www.cnr.cn/ah/news/20170309/t20170309_523646018.shtml．

3. 加强网络安全监管

随着移动互联网各种新生业务的快速发展，网民网络安全环境日趋复杂。为此，2016 年 11 月 7 日，十二届全国人大常委会第二十四次会议通过了《中华人民共和国网络安全法》，为保障网络安全，维护网络空间主权和国家安全、社会公共利益，保护公民、法人和其他组织的合法权益，促进经济社会信息化健康发展奠定了法律基础。2016 年 12 月 27 日，国家互联网网络信息办公室发布《国家网络空间安全战略》，为国家未来网络安全工作的开展指明了方向。

当前，大数据已从互联网领域延伸至电信、金融、地产、贸易等各行各业，与大数据市场相关联的新技术、新产品、新服务、新业态不断涌现，并不断融入社会公众生活。大数据在为社会发展带来新机遇的同时，也给社会安全管理带来新挑战。"由于数据的采集和使用权责不明、边界不清，一些公共部门和大型公司过度采集和占用数据，一些企业和个人不规范使用数据信息，直接侵害了数据信息所有人的合法权益。"

针对以上问题，全国人大代表陈琼建议结合我国实际，借鉴国际经验，尽快启动规范数据使用和保护个人信息安全方面的立法工作。规范数据使用管理，对非法盗取、非法出售、非法使用、过度披露数据信息的行为，开展专项打击，整顿市场秩序。将个人使用数据的失当行为纳入公民社会信用记录，有效净化数据使用环境。陈琼代表还建议强化行业自律，将有关内容纳入各行业协会自律公约之中，建立互联网、电信、金融、医疗、旅游等行业从业人员保守客户信息安全承诺和违约同业惩戒制度。

（三）树立共享协作意识

移动互联网平台、大数据平台和手机 APP 等现代信息技术平台的推广运用，使社会、公众的联系愈加紧密。这也为数字经济时代社会协作发展提供了可能。

1. 积极发挥社会组织公益式孵化作用

社会组织本质上是自愿结社，具有平等共享和自发的特点，成员之间平等交流、同业互助的社会关系能够促进良性的创新思维。同时，自发成立的社会组织本身也是一种创业和创新，可以说，社会组织天然地具有创新、创业基因。为了提高创业、创新的成功概率，应该积极发挥社会组织对创业者的公益式孵化作用，弥补国家、政府、企业无法顾及的创业、创新领域。目前，在中关村就有多家社会组织为"大众创业、万众创新"提供全方位服务，比如"民营经济发展促进会""民营经济发展研究院""大学生创新创业联盟""职业教育产业联盟""中关村国大中小微企业成长促进会""中关村创业投资和股权投资基金协会"等，通过开办"创新创业大讲堂""创新创业服务超市""创新创业孵化基地"等，为数以万计的创业青年、众创空间、创业技术企业提供了融资、专业技能、管理水平、政策法规、办理执照等服务[01]。

2. 坚持共享协作发展

数字经济时代，创业创新发展不再是单兵作战、孤军奋战，而是社会全面共享协作发展。所以，创业、创新发展要获得巨大成功必须充分利用移动互联网平台、手机 APP 等数字化服务，加强政府、企业、社会共享协作发展，构建"政府引导、企业主导发展、社会共享协同参与"的数字经济发展新格局。

总之，数字经济发展成果广泛惠及社会民众，这是数字经济发展的根本。所以，弥合数字鸿沟，平衡数字资源，是社会共享参与数字经济发展的基本前提；大力倡导大众创业、万众创新战略行动，是社会共享参与数字经济发展的具体实践；规范和加强网络安全，加紧网络安全法规制度建设，是社会共享参与数字经济发展的重要保证。

---

01 伍欣. 社会组织与"大众创业万众创新"[J]. 中国民政，2016（05）：15.

> 相关链接

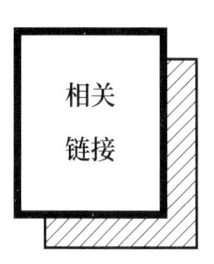

一、案例介绍

案例1：澳大利亚的国家数字经济战略[01]

为了享受到国家宽带网络带来的便利，实现澳大利亚在2020年在全球数字经济中处于领导地位的目标，澳大利亚政府于2011年5月31日启动了国家数字经济战略。其数字经济战略的具体目标如下：

1. 在经济合作发展组织国家中，澳大利亚的家庭宽带普及率排名达到前五位；

2. 在经济合作发展组织国家中，澳大利亚的企业信息化发展水平排名达到前五位；

3. 大部分的澳大利亚家庭、企业和其他组织将有机会获得智能技术，以更好地管理其能源使用；

4. 由澳大利亚联邦政府、州政府和领地政府实施国家电子健康战略；

5. 学校、TAFE和高等教育机构将通过网络在创新和灵活的教育服务和资源方面开展合作，向家庭和工作场所扩散在线学习资源，为那些无法通过传统方法访问课程的学生和学习者提供设施以及在线虚拟学习机会；

6. 远程工作水平将至少提高一倍，使至少12%的澳大利亚雇员由他们的雇主在线安排工作；

---

01 节选自：金江军. 澳大利亚数字经济战略及其启示[J]. 信息化建设, 2012（10）：57-59.

7.80%的澳大利亚人会选择通过互联网或其他类型的在线服务与政府打交道；

8.首府城市与偏远地区之间的家庭和企业数字鸿沟将明显缩小。

为了实现上述目标，澳大利亚政府从多方面入手，制定了包括建立数字社区、建设老人宽带、打造数字企业、建设智慧电网和智慧城市项目、进行可持续公路管理、开展远程医疗服务、实施远程教育和技能服务项目、支持远程工作论坛、启动地方法律援助服务计划等在内的16个行动计划，积极参与数字经济构建。可以看到，澳大利亚政府极为重视宽带网络建设，重视社区、医疗卫生、教育、工作等民生领域的信息化建设，尤其考虑到老人、中小企业、地方等信息化领域的弱势人群或组织。

案例2：北京依靠创新驱动数字经济发展[01]

经过十多年的发展，北京形成了健全的组织体系和完善的制度环境，同时也建成了畅通泛在、高效的基础设施，城市网络、信息化基础设施全国领先。

"十三五"期间，北京市以建设新型智慧城市为主线，全面实施三大发展战略，打造新一代信息基础设施，同时推进大数据、物联网、移动互联网，在民生服务、城市治理、城市转型升级方面深度融合和创新应用。同时，北京将以产业提质增效为中心，聚焦产业链、创新链高端环节和关键领域，坚持提升自主创新供给，扩大数据信息消费，壮大信息经济规模，实施大数据、大软件、大应用的产业生态战略，使软件、数据和信息，作为创新资源的要素，向各领域加速渗透。强化新旧发展动能接续转换重要的赋能作用，来强化北京作为全国科技创新中心的辐射引领作用，形成更多依靠创新驱动，更多发挥先发优势的引领发展格局。

---

01 节选自：陈桂龙.创新"数字北京"[J].中国建设信息化，2016（12）:62-64.

（一）实施三大发展战略

1. 实施"云网端"一体化的大数据引领战略

把数据作为塑造竞争优势的新生产要素，以数据流引领技术流、物质流、资金流和人才流。

2. 实施产业跨界融合升级的大软件驱动战略

着力推动"软件＋硬件""软件＋内容"和"软件＋服务"的深度耦合。

3. 实施开放融合协同创新的大应用创造战略

重点聚焦于国家信息安全、大城市病治理、环境保护和智能制造转型升级等四大关键领域，为全面推动经济社会的智慧演进夯实基础。

（二）打造四大数据中心

1. 打造大数据汇集中心

北京市具有深厚的数据资源，是最重要的数据源产生地。同时谋划和打造京津冀大数据综合试验区，推动大数据产业区域性的协调发展。

2. 打造大数据交换中心

以数据汇集为基础，加强政府数据资源的统筹管理，依托北京市政务数据资源网，进一步完善政府数据资源的共享和开放。同时，进一步培育大数据交易市场，建设北京市大数据交易中心。

3. 打造大数据创新中心

通过推进产业和大数据融合应用，特别鼓励大数据从消费领域向生产领域演进和发展。推进大数据在新能源智能汽车、集成电路、通用航空、生产制造、新型管理、市场营销、售后服务等应用发展。特别在原有基础上，在数据清洗、可视化、人工智能等方面进一步培育北京市龙头企业。

4. 打造大数据示范中心

北京在大数据示范应用方面，围绕城市治理，集中部署一批重大应用工程，快速形成示范带动效应，来破解城市发展难题。突出治理体系现代化、城市管理精细化，更好地做好首都功能定位。

二、概念解析

（一）信息化与国家信息化战略

信息化是充分利用信息技术，开发利用信息资源，促进信息交流和知识共享，提高经济增长质量，推动经济社会发展转型的历史进程。20世纪90年代以来，信息技术不断创新，信息产业持续发展，信息网络广泛普及，信息化成为全球经济社会发展的显著特征，并逐步向一场全方位的社会变革演进[01]。

简单地讲，国家信息化发展战略指一个国家对其国内信息产业等所做的发展规划。党中央、国务院一直高度重视信息化工作。1997年，召开了全国信息化工作会议；党的十五届五中全会把信息化提到了国家战略的高度；党的十六大进一步作出了以信息化带动工业化、以工业化促进信息化、走新型工业化道路的战略部署；党的十六届五中全会再一次强调，推进国民经济和社会信息化，加快转变经济增长方式。"十五"期间，国家信息化领导小组对信息化发展重点进行了全面部署，作出了推行电子政务、振兴软件产业、加强信息安全保障、加强信息资源开发利用、加快发展电子商务等一系列重要决策。

2006年3月19日，中共中央办公厅、国务院办公厅印发《2006-2020年国家信息化发展战略》，概括了信息化的科学内涵及全球信息化发展的基本形势，全面总结了我国信息化发展的基本趋势、指导思想、战略目标、战略重点、战略行动、保障措施等方面内容。

进入21世纪，以信息技术为代表的新一轮科技革命方兴未艾，互

---

01 中共中央办公厅、国务院办公厅 .2006-2020 国家信息化战略 .2006-03-19，http：//www.gov.cn/gongbao/content/2006/content_315999.htm。

联网日益成为创新驱动发展的先导力量。信息技术与生物技术、新能源技术、新材料技术等交叉融合，正在引发以绿色、智能、泛在为特征的群体性技术突破。信息、资本、技术、人才在全球范围内加速流动，互联网推动产业变革，促进工业经济向信息经济转型，国际分工新体系正在形成。网信事业代表新的生产力、新的发展方向，推动人类认识世界、改造世界的能力空前提升，正在深刻改变着人们的生产生活方式，带来生产力质的飞跃，引发生产关系重大变革，成为重塑国际经济、政治、文化、社会、生态、军事发展新格局的主导力量。全球信息化进入全面渗透、跨界融合、加速创新、引领发展的新阶段[01]。为此，2016年7月27日，中共中央办公厅、国务院办公厅印发《国家信息化战略纲要》（以下简称《纲要》），《纲要》是根据新形势对《2006—2020年国家信息化发展战略》的调整和发展，是规范和指导未来10年国家信息化发展的纲领性文件，是国家战略体系的重要组成部分，是信息化领域规划、政策制定的重要依据。

2016年12月27日，国务院又发布了《十三五国家信息化规划》（以下简称《规划》），《规划》旨在贯彻落实"十三五"规划纲要和《国家信息化发展战略纲要》，是"十三五"国家规划体系的重要组成部分，是指导"十三五"期间各地区、各部门信息化工作的行动指南。《规划》总结了我国信息化发展现状和面临的发展形势，进一步指出十三五时期我国信息化发展的总体要求、主攻方向、重大任务、重点工程、优先行动和保障措施。

（二）"互联网+"、企业"互联网+"和产业"互联网+"

"互联网+"是过程，数字经济是结果。《互联网+：跨界与融合》

---

01 中共中央办公厅、国务院办公厅.国家信息化战略纲要.2016-07，http://www.cac.gov.cn/2016-07/27/c_1119291888.htm.

一书，曾将"互联网+"定义为构建互联网组织，创造性地使用互联网工具，以推动企业和产业进行更有效的商务活动。具体包括，一是企业"互联网+"。即企业的生产、运营、管理、营销、组织、人才等诸方面需要用互联网思维塑造。企业需要利用互联网思维改造企业的流程、管理模式、企业文化，实现决策和管理思维以及企业运营模式的互联网化，从而提升企业运营效率和绩效。二是产业"互联网+"。即推进互联网向传统行业渗透，加强传统行业运用和使用互联网技术的能力。因此，"互联网+"作为过程，更多强调企业如何运用云计算、大数据等新信息技术。数字经济时代的到来，企业要抢占数字经济新高地，必须积极参与"互联网+"行动计划。

（三）云计算

云计算（英语：Cloud Computing），是一种基于互联网的计算方式，通过这种方式，共享的软硬件资源和信息可以按需求提供给计算机和其他设备。云是网络、互联网的一种比喻说法。过去在图中往往用云来表示电信网，后来也用来表示互联网和底层基础设施的抽象。云计算是继20世纪80年代大型计算机到客户端－服务器的大转变之后的又一种巨变。用户不再需要了解"云"中基础设施的细节，不必具有相应的专业知识，也无需直接进行控制。云计算描述了一种基于互联网的新的IT服务增加、使用和交付模式，通常涉及通过互联网来提供动态易扩展而且经常是虚拟化的资源，它意味着计算能力也可作为一种商品通过互联网进行流通。

（四）物联网

物联网是新一代信息技术的重要组成部分，也是"信息化"时代的重要发展阶段。物联网的英文名称是："Internet of Things（IoT）"。顾名思义，物联网就是物物相连的互联网。这有两层意思：其一，物联网的核心和基础仍然是互联网,是在互联网基础上的延伸和扩展的网络;其二,其用户端延伸和扩展到了任何物品与物品之间,进行信息交换和通信,也就是物物相息。物联网通过智能感知、识别技术与普适计算等通信感知技术,广泛应用于网络的融合中,也因此被称为继计算机、互联网之后世界信息产业发展的第三次浪潮。

(五) 数字鸿沟

数字鸿沟(信息鸿沟)指由于信息和通信技术的全球发展和应用,造成或拉大的国与国之间以及国家内部群体之间的差距。数字鸿沟现象存在于国与国、地区与地区、产业与产业、社会阶层与社会阶层之间,已经渗透到人们的经济、政治和社会生活当中,成为在信息时代突现出来的社会问题。

数字内容产业是在技术和内容的融合下产生的数字内容，进而形成一个庞大的产业群。近年来，全球数字内容产业经济规模持续扩大，中国数字内容产业已初步形成。为了更好地促进中国数字内容产业健康发展，更好地与国际数字内容市场环境接轨，数字内容产业已成为人们关注的热点问题。我们可以从数字内容产业整体发展状况、西部地区数字内容产业的发展现状，了解目前中国数字内容产业的发展现状。中国数字内容产业的发展战略，包括做好产业规划、加强管理部门间协调和发展产业集群、优化产业发展的市场环境、加强市场监管和标准体系建设以规范市场秩序、加强产业引导及服务体系建设、建立健全产业投融资体系、推进媒体机构改革和完善数字内容人才培养机制。中国的数字内容产业的经营发展模式，是政府引导与市场结合模式。这一模式体现在完善的政策和管理机制、推动数字内容产业创新，以及建立相对完整的产业管理和法律体系三个方面；政府可以发挥产业政策的作用，在战略取向和市场秩序等方面发挥积极作用，推动数字内容产业的发展。

第三章

大力推动
数字内容产业发展

第一节
数字内容产业的发展现状

目前，中国国民经济分类中还没有单独划分出数字内容产业，数字内容产业相关内容分散包含在"电信和其他信息传输服务业""新闻出版业""广播、电视、电影和音像业""文化艺术业"等相关行业中。随着信息传输网络的完善，传输内容的重要性逐渐凸显，并逐步形成一个单独的产业。数字内容产业作为快速发展的新兴产业，产业范围随着信息技术的进步和应用，还处于不断发展中。

一、中国数字内容产业整体发展状况

（一）数字内容产业规模

虽然，中国数字内容产业发展起步较晚，但是经过最近几年的高速发展已经初具规模，初步形成了以移动内容服务为主，动漫、网络游戏、数字视听、在线学习和数字出版等市场快速发展的产业格局。腾讯研究院版权研究中心的统计，数字内容产业营收规模和产值加速增长，包括IP版权交易规模和授权衍生周边在内的广义产值，2015突破4200亿，2016突破5600亿。产业营收结构中，游戏和新闻占比下降，影视、音乐、动漫占比提升，电竞、直播、VR迎来了大发展。数字内容产业已经成为社会经济发展中的重要组成部分，同时与相关经济领域形成了十分严密的产业链。

从数字内容产业营收结构来看，各细分领域中，游戏、音乐及广告收入占比略有下降，视频、动漫占比提升，电竞、直播、VR等新兴业态会有大发展。其中，占比下降的领域并非是营收规模的缩减造成的，以游戏产业为例，2015年，其在数字内容产业整体结构中的占比较上一年度下降了1.8个百分点，但事实上，游戏产业当年营收规模为1150亿元，较上一年度增长30.5%，增幅仍然十分可观。收费下载影视音乐等也是中国数字内容产业的一个亮点。据统计，2016年有20%的销售额将通过网络下载实现。但目前的问题是中国大部分网络音乐下载业务处于免费的状态，对市场份额的竞争在现阶段还高于对营利的需求，因此网络下载还处在推广阶段。搜索引擎市场规模在中国发展速度十分快，根据DCCI互联网数据中心发布的最新数据显示，2016年全年搜索引擎市场规模达327.12亿元人民币，较2015年增长72.63%。因此，内容产业营收结构的调整变化，是随着用户需求不断被发掘，视频、动漫等领域以及直播、VR等新业态持续发力，内容产业各细分领域发展更加平衡的结果。

总之，中国数字内容产业具有较好的发展条件，从政治、经济、人口环境和网民规模、基础资源规模等发展前提条件上都有了较大的进步，因此中国数字内容产业具有较大的发展潜力。

（二）数字内容产业管理体制

中国并没有专门针对数字内容产业的管理部门，管理体制处在没有总体规划的状态，各个部门利益还在博弈之中，没能形成一套合理的政府组织机制来管理数字内容产业。数字内容产业管理职能分散在发展改革委员会、工业和信息化部、文化部、国家新闻出版广电总局、中宣部等多个部门中。工信部主管数字内容产业发展的基础——信息技术和网络服务部分；文化部主管娱乐、音像内容审查等部分；国家新闻出版广电总局主管数字视听、数字出版等部分。这些行业相关的管理部门从自身管理的角度制定了有关数字内容产业发展的政策和规范：工信部更加强调数字内容技术体系、平台发展、标准制定；文化部强调数字内容产品版权保护和内容审查；国家新闻出版广电总局则将眼光放在了动画等细分产业。

行业自治管理方面，我国并没有全国统一的数字内容产业管理协会，但在数字内容产业发展较好的省市有自己的行业自治组织，如上海就成立了由上海市经济和信息化委员会主管的上海数字内容产业促进中心，并建立了上海数字内容公共服务平台；北京成立了中关村数字内容产业协会。

（三）数字内容产业政府管理与政策

数字内容产业作为一个刚刚发育起来的新型产业，从中国的国情来看，政府的战略性定位、引导和扶持，是数字内容产业能够健康、快速、良好发展的重要推动力。

1. 宏观政策与管理

一是国家整体战略定位。2006年全国人民代表大会第四次会议表决通过的《中华人民共和国国民经济和社会发展第十一个五年规划纲要》中涉及信息服务业的环节明确提出，积极发展信息服务业应"鼓励教育、文化、出版、广播影视等领域的数字内容产业发展，丰富中文数字内容资源，发展动漫产业"，表明国家已经将数字内容产业发展作为国家经济和社会发展的重要工作之一。二是中央各部委对于数字内容产业的态度。数字内容产业所涉及的产业领域涵盖的范围很广，涉及数字内容服务提供和技术提供的信息产业和与内容产品生产相关的文化产业和娱乐产业，而与这些行业相关的信息产业部、文化部、国家新闻出版广电总局等管理部门从自身管理的角度制定了不同程度的宏观管理政策。针对数字内容产业包含的细分行业，肩负分管责任的主要政府部门纷纷出台了相关政策，重点扶持本土企业，同时严格限制国外文化产品进入[01]。三是地方政府对数字内容产业发展的政策引导。除国家和中央各部委外，各地也制定了促进和规范数字内容产业及相关产业发展的管理办法和规范，逐渐形成了北京、上海等重点发展区域。另外，四川、江苏等省也把发展数字内容产业作为重点工作列入本省的五年规划纲要中。

2．针对细分行业的政策与管理

数字内容产业本身包含网络游戏、动漫、数字影视、数字音乐等六个细分产业，针对不同的细分行业，管理部门制定了各自的法规政策，对行业进行管理。一是网络游戏推进与监管并行。信息产业部对网络游戏实行了推进与监管并重的管理政策，重点扶持具有自主知识产权、国际先进的 3D 游戏引擎以及工具软件关键核心技术研发及产业化，支持并充分发挥各地方的积极性，在有条件的城市建立网游软件开发基地。同时针对网络游戏的监管，信息产业部提出了打击网络游戏私服的活动，以制止当前网络游戏私服泛滥、严重危害正规市场和产业发展的现象。另外，针对网游与青少年的成长问题，国务院要求"针对近年来未成年人沉迷网络游戏等问题日益突出，各地各部门采取积极措施，努力净化网络文化环境"。二是动漫产业政策态度积极。国务院办公厅于 2006 年 7 月转发了财政部等十部门《关于推动我国动漫产业发展的若干意见》，为我国动漫产业注入发展动力。另外，广电总局也在其《关于发展我国影视动画产业的若干意见》中提出，在充分发挥中央电视台、上海美术电影制片厂、湖南三辰影库等大型动画制作基地作用的同时，鼓励多种经济成分共同参与影视动画产业的开发和经营。三是数字影视与数字音乐。针对数字影视与数字音乐的政策和管理主要集中在内容审核，以及从互联网传播角度进行的监管。2003 年以来，文化部相继发布了《互联网文化管理暂行规定》等一系列的文件，以网络文化经营

01　材料来源于《中国数字内容产业发展状况研究》一文．

许可证和内容审查制度为核心，制定和实施了对数字化的网络音像、动漫、游戏、音乐等相关管理的规定。四是数字出版政策集中于网络出版和版权问题。数字出版方面，相关的管理部门的政策大多集中在对网络出版的管理方面。2002年，国家新闻出版总署与信息产业部联合颁布了《互联网出版管理暂行规定》，对互联网出版活动的审批、出版内容的审查做出了比较严格的规定。同时，鉴于网络环境下的版权对数字内容产业发展的重要性，国家版权局正在计划构建网络反盗版技术平台，网络版权保护的法律体系也在不断完善之中。五是数字学习并没有明确的产业概念。教育部所提出的教育信息化概念中包含了数字学习的部分内容，2006年颁发的《全国教育科学研究"十一五"规划纲要》中规定的教育科学研究的13个重点领域也包括教育信息化。由此可见，政府的管理政策中存在对数字学习的一定关注，但相关管理部门的针对角度是教育信息化，具有一定的公益性质，数字学习的产业概念并没有被明确。

二、中国西部地区数字内容产业的发展现状

由于区位因素、市场选择和产业政策的作用，一个国家、地区的产业发展在任何时候都是非均衡的。进入21世纪后，中国优先在基础较好的东部地区发展数字内容产业。但这一发展战略的目的不是要无限制地扩大数字内容产业的区域差距，而是要在适度的差距内尽快形成东部地区数字内容产业优势的"扩散效应"和"极化效应"，以带动其他地区数字内容产业的发展，在实现数字内容产业效率目标的同时，一定程度地实现布局的空间公平。目前，中国西部地区数字内容产业的发展状况表现为以下几个方面：

（一）支援、推动西部地区的信息基础设施建设

1993年，国务院信息化工作领导小组拟定了《国家信息化"九五"

规划和 2010 年远景目标》，要求当时的电子部门与有关部委协力抓好"金桥""金卡"和"金关"工程。其中"金桥"工程属于国家信息基础设施工程，"金卡"工程和"金关"工程则属于应用系统工程。在国家"金"字系列工程的推动下，西部地区信息基础设施建设取得了较大的进展。1998 年，国家启动"村村通"工程，截至 2006 年底，这一工程在西部地区共投入资金约 10 亿元，涉及约 13 万个"盲村"的广电基础设施建设[01]。2000 年，国家开始实施建国以来规模最大、一次性投资最多的广播电视覆盖工程——"西新工程"。2001 年，"缩小数字鸿沟"成为西部大开发战略的重要内容。2002 年 10 月，科技部启动了"缩小数字鸿沟——西部行动"。2004 年 1 月，信息产业部组织中国电信、中国网通、中国移动、中国联通、中国卫通、中国铁通在全国范围展开了发展农村通信、推动农村通信服务的"村村通电话工程"，计划"十一五"末在全国基本实现"村村通电话，乡乡能上网"的目标。这些工程的实施，使西部地区信息基础设施建设取得了较大进展。

（二）西部相对发达地区的数字内容产业发展迅速

近几年，西部相对发达地区逐渐加大了对数字内容产业及信息基础设施建设的资金投入和政策扶持力度，同时，以深化文化体制改革推动了数字内容产业的发展。例如，陕西省在全国率先进行广电管理体制改革，2001 年组建陕西省广播电视信息网络股份有限公司，成为全国第一个整合全省广播电视网络资产并实现整体上市的省份。目前，西安、成都、重庆、兰州等西部相对发达城市的软件业、动漫产业、数据库业、信息服务业已初步形成了一定规模，成为当地经济增长的亮点。2016 年，陕西省知名软件企业达到 66 家，有 8 户软件企业被中国软件行业协会评定为信用等级 3A 企业，以西安软件园这个国家软件"双基地"为核

---

[01] 西部村村通工程已投入约 10 亿元 [DB/OL].www.qx100.com.cn, 2007-02-05.

心的软件产业体系和集群已经初步形成。四川省充分利用本省在电子信息、人才和文化资源等方面的优势，大力发展以网络和动漫游戏产业为主导的数字内容产业。成都市温江区建立了国家动漫游戏产业振兴基地，努力将自身打造成为"中国西部动漫游戏之都"。以长虹、九州为代表，四川绵阳市已成为我国最大的数字视听产品聚集地和重要的电子军工生产基地。贵阳市有近百家动漫、数字内容企业，围绕原创和外包服务主要业务推动产业发展，积极开展动画、漫画电子图书等应用领域的创作设计及制作。重庆维普资讯公司开发的"中文科技期刊数据库"和"中国科技经济新闻数据库"在全国有很大的影响力。

在数字媒体与传统媒体的博弈中，西部传统媒体已逐渐由被动应战改为主动抢占数字高端平台。例如，2005年9月，《华西都市报》推出了西部第一份手机报，开始尝试报业与网络、无线通讯的联动。2005年12月，《成都日报》推出了全国首个网络多媒体平台，聚合广播、电视、报业资源，实现了传统媒体网络化和网络媒体实业化。

（三）注重发掘、展示、创新、营销西部传统文化

"内容为王"的数字时代，传统文化是西部数字内容产业的差异性资源优势。为摆脱同质竞争和内容短缺，西部数字内容产业越来越重视对西部传统文化的发掘、展示、创新和营销，并以此打造品牌。例如，内蒙古电视台以数字化生产和传播为手段，以深厚的草原文化为底蕴，以"走进"系列为龙头，以人文历史、民风民俗、音乐歌舞、旅游风光、名人名作等系列主题为根本，打造特色节目品牌。目前，内蒙古电视台已将"蔚蓝的故乡"栏目打造成为中国北方传媒品牌，并计划注册"蔚蓝的故乡"品牌商标，然后按照创意产业发展模式，围绕品牌商标及内容版权，建立影视文化公司，开发衍生产品，组建专业的演艺机构，成立文化娱乐公司，建造影视基地，发展文化旅游业[01]。

01　王广文.数字内容产业及其在中国西部地区的发展[J].内蒙古社会科学(汉文版),2008(01):107-112.

第二节
数字内容产业的发展战略

自从互联网进入中国以来,数字经济就以超乎寻常的发展速度受到人们重视。尽管我国在建设数字经济方面已取得明显成绩,但是与数字经济相匹配的企业经营模式和市场环境却有待进一步发展与升级。而面对后金融危机时代全球数字化浪潮的巨大发展机遇,如何迎接数字经济的挑战、营造数字经济的运行模式和环境,已成为我国发展数字经济的战略抉择。(参见图3-1)

一、做好产业规划

(一)优化产业布局

数字内容产业的跨领域性与复杂性必须有一个整体规划,通过合理规划来优化产业布局,推进产业的协调、健康发展。比如,对于目前占据数字内容产业市场规模重要地位的短信与彩信业务而言,需要与其他的移动互联网业务,比如即时通讯业务、无线电子邮件业务、手机报业务、手机视频业务等整体配合,加强其内部的协调性;而对于整个的产业发展而言,还需要加强相关标准与政策的推进,保证相关业务在绿色、健康的主题下健康地发展。整体规划优化布局的另外一个基点就是要减少重复投资与自由市场竞争的盲目性,推进相关产业的合理配置。

```
                做好产业规划
           加强部门协调与产业集群
数                                                八
字          优化产业发展环境
内                                                大
容
产              规范市场秩序                        战
业
发          加强服务体系建设                        略
展
战          建立健全投融资体系
略
            推进媒体机构改革
             完善人才培养机制
```

图 3-1：数字内容产业的发展战略模型图

（二）推进产业个性化发展

由于不同的地区与不同的企业的个性化，要求数字内容产业要因地制宜、推进个性化发展。不同的地域自身的经济、社会与文化特征不同，因而其在数字内容产业发展需求与发展重点及步骤方面会有所不同，这就要求各地加强适合自身的产业发展。对于产业链网相关的企业而言，必须清楚地认识到自身在发展数字内容产业方面的特长与核心能力，注意培育自身的个性化发展能力，以个性化推进自身业务的不断丰富与成长。

二、加强管理部门间的协调和发展产业集群

（一）加强管理部门间的协调

加强产业管理部门间的协调，改善条块分割、职能交叉状况。数字内容产业是一个大的产业集群，包含数字内容产品生产、交易、传输、技术支持、服务支持等多个环节。需要加强相关管理部门间的统筹规划和协调，在一些业务管理上进行整合，从而更好地推动产业发展。在细分领域上，分类指导，分步推进。目前我国定位动漫、网游产业为重点发展领域，资源投入较为集中，而在数字出版典藏、移动内容、数字学习等领域具有市场优势，需关注和支持这些领域发展。

（二）发展数字内容产业集群

发展数字内容产业的重点是要打造产业链，使产业链集成延伸，以现代创意产业为核心，打破区域和层级的边界形成不同的产业集群，使产业向高度集群化发展。一是工业园区产业集群。按照企业集聚、产业集聚的思路，重点扶持一批基础好、集群规模较大的数字内容产业园区，完善其基础设施和周边环境，采取统一政策、统一管理、统一服务的方式，促进企业聚集、资源共享、合力发展。二是数字内容企业集群。促使数字内容产业集群的形成，实现"专业化"生产，并加强数字内容企业之间的分工协作，这是数字内容专业化发展方向。通过数字内容企业之间的联合，强化各自的优势，从内涵上扩大企业的规模，实行地区的社会化分工和专业化生产，从而降低成本，提高竞争力，获得可持续发展[01]。

---

01 闫世刚.数字内容产业国际发展模式比较及借鉴[J].技术经济与管理研究院，2011（01）：104-107.

三、优化产业发展的市场环境

针对数字内容产业各领域存在的网络运营监管、公共信息资源开放、数字版权保护、信息安全、标准等问题，制定相应的政策。在内容软件方面，逐步改变依赖国外软件的局面，支持国产工具软件开发，特别是如地理信息处理软件等涉及国家信息安全方面的软件研发。一是完善网络环境下著作权保护、数据库保护、虚拟财产保护等法律法规；二是加大保护知识产权执法力度，严厉打击盗版侵权以及在网络上恶意侵犯他人利益等违法行为。在电脑动画领域，须在加强数字版权保护的基础上，打破买方垄断，面向市场需求支持公共服务领域的数字内容开发利用。数字游戏目前发展形势良好，主要是加强监管，鼓励应用于社会教育和生产服务领域。网络服务和移动内容领域，需要加强对网络基础设施运营的监管，防止歧视的市场准入，促进公平竞争；不断提高网络连接速度，降低宽带服务成本，促进数字内容便捷获取和流通；加强信息安全立法和技术研发。在数字出版典藏方面，进一步推动公共部门信息和内容的数字化开发利用，一方面，制定相关政策法规，积极公开、共享具有经济和社会价值的公共信息资源，鼓励社会力量对其进行增值利用、市场开发；另一方面，加强数字版权保护，协调解决数字内容开发、传输和互用性等产业标准问题，建立数字内容描述、传输、安全等标准体系。鉴于版权保护对数字内容产业可持续发展的决定性作用，中国既要提高重视程度，加大对数字版权保护研究、探索和实践的投入，积极会同国家版权局构建各种反盗版技术平台，又要按照国际条约以及国家版权局颁布的《互联网著作权行政保护办法》和2006年7月生效的《信息网络传播权保护条例》，完善数字版权法规体系，强化对数字版权的法规保护。

四、加强市场监管和标准体系建设

针对数字内容产业各领域存在的公共信息资源开放、网络运营监管、行业标准等问题，制定相应的规范政策。如运用宏观调控手段，加强对网络基础设施运营的监管，平衡网络运营商的利益，为内容服务商发展提供足够的利益空间；充分鼓励公平的市场竞争，防止歧视的市场准入；降低宽带服务成本，不断提高网络连接速度，促进数字内容便捷获取和流通；加强技术研发和信息安全立法，支持医疗卫生、教育培训、行业应用、国防安全等公共服务领域的数字内容产品开发；积极推进科技、文化、社会等信息资源公开共享工程，大力发展面向社区、农村的公益性信息内容服务；鼓励数字内容行业标准化建设工作，协调解决数字内容开发、传输和互用性等产业标准问题，建立数字内容传输、描述、安全等标准体系。

五、加强产业引导及服务体系建设

（一）加强产业引导

加强产业引导，尽快制定数字内容产业导向投资目录加强对数字内容产业的宏观引导和规范。政府应当全面推动"三网融合"，全面推动电子政务、电子商务、企业信息化和社会信息化，刺激全社会对数字内容的应用和需求，拉动产业市场的迅速拓展。

（二）加强服务体系建设

一是建设公共服务平台。公共服务平台应该在政府部门和企业之间起着沟通桥梁的作用，既承担政府优惠政策和扶持措施的平台发布功能，又凝聚社会服务力量，通过整合与优化配置区域资源，开展共性技术的应用服务，降低企业成本，提高区域企业群的整体竞争力。二是发挥中介服务机构的作用。中介服务机构承担着优化资源配置，为数字内容产业发展提供技术支持、应用推广服务、知识产权服务、人才培训服务和合作交流等专业服务。

六、建立健全产业投融资体系

政府应当充分借鉴国内外先进经验，积极发展产业投资基金和政府引导基金，逐步形成以政府投入为引导、企业投入为主体、社会资金广泛参与的新型投融资体制，促进资金的有效投入和良性循环。

（一）政府资金引导

设立数字内容产业专项基金，加强产业化引导和培育，重点支持重大项目的开发、技术成果转让和产业化。数字内容产业专项基金应当体现"重点倾斜"的原则，根据区域战略布局和发展规划，有侧重地利用政府资金用于提升和优化产业基础设施，充实和完善产业支撑服务体系，尤其重点投向关键技术平台的研发。除此之外，政府还应充分发挥行业协会作用，形成涵盖了企业、政府、协会、研究院所以及投资机构在内的产业互动氛围，推动企业间、企业与投资机构间的定期项目交流。例如，由政府出面联合金融、财税等部门组织特定企业与行业的交流会，了解需求。

（二）构建数字内容产业多元化投融资体系

政府应当注重对国内外金融投资机构，尤其是风险投资、天使投资的引进，主要从两个方面出发：一是提升投资的硬环境因素，包括自然条件、环境状况、基础设施、经济结构和接近市场等；二是完善开放政策、政府效率、社会治安、金融、技术与管理、教育与人力资本、立法与司法状况等软环境因素。地方政府应以投资者为中心，通过完善投资硬环境和软环境，吸引国内外投资机构的进驻，从而进一步丰富产业企业的融资渠道。

七、推进媒体机构改革

推进媒体机构改革，加快数字产品、数字服务的产业化和市场化，要按照先易后难、逐步推进的原则，先把娱乐、科技、财经、生活时尚、体育等经营性媒体从事业体制中分离出来进行转企改制，按现代产权制度和现代企业制度的要求，将其构建为市场主体，实行公司化经营和市场化运作，再把国有垄断媒体中的经营性部分进行有限分离和改组改制。积极探索通过股份制改造进入资本市场以及实现跨媒体、跨行业、跨地区经营和国际化经营的具体方式和途径。在国家政策允许范围内，媒体应积极吸纳民营资本和境外资本，形成多元化投入格局。对于直接关系到国家意识形态和文化信息安全的电视台、党报、党刊、电台等媒体，需要做出特别的制度安排并配套相关政策。

八、完善数字内容人才培养机制

数字内容产业竞争的关键是创新竞争、技术竞争，而创新和技术竞争归根到底是人才的竞争。一是整合现有培训机构。充分利用高校院校、科研院所和社会培训机构的师资力量、教学设施等优势资源，加快培养数字内容产业发展迫切需要的创作人才、高端技术人才、集成创新人才和其他紧缺人才，为产业振兴提供强大的人才支撑和技术支持。要在学科门类、学位设置（包括博士、硕士点）、研究经费上给予积极支持。二是发展数字内容网络教育平台。建立数字内容网络教育和培训的信息管理系统，实现培训项目管理的网络化、自动化和公开化。三是努力为人才创造更加宽松优厚的工作和生活环境，吸引人才、留住人才，从而充分发挥他们的聪明才智。四是建立适宜的人才管理机制，有效地利用激励机制，调动人才献身于数字内容产业发展的积极性和创造性。

第三节 数字内容产业的经营发展模式及政策

中国推进数字内容产业发展，需要认清自身的经营发展模式，并制定数字内容产业政策。

一、数字内容产业的经营发展模式

中国数字内容产业的经营发展模式，是政府引导与市场结合模式。这一模式体现在完善的政策和管理机制、推动数字内容产业创新，以及建立相对完整的产业管理和法律体系三个方面。

（一）完善的政策和管理机制

为扶植和发展壮大数字内容产业，政府推出了适合国情的数字内容产业发展举措。

1. 完善数字内容产业发展的政策措施

政府要在国内数字内容产业发展现状进行全面调研的基础上，掌握现有数字内容企业的发展情况和传统文化内容产业的发展情况，分析研究数字内容产业的发展模式和区域合理布局，制定和完善国家或区域关于支持数字内容产业发展的相关鼓励政策；出台支持推动数字内容产业发展的相关政策；出台支持公共服务领域的数字内容开发利用的政策，特别是面向农村、社区的公益性信息内容服务的支持政策。加强对数字内容产业的宏观引导和规范。全面推动"三网融合",全面推动电子政务、电子商务、企业信息化和社会信息化,刺激全社会对数字内容的应用和需求,拉动产业市场的迅速拓展。结合中国数字内容产业发展特点,尽快研究制定中国的数字内容产业导向投资目录。

2. 健全数字内容产业的管理体制

设立数字内容产业的主管机关,负责整体产业的推动,但重点放在游戏、动画、数字影像及网络相关的产品和服务。为了保证跨部门的合作,有必要专门成立"数字内容产业发展领导小组",统筹管理数字内容产业发展的规划、推动与评估。同时,设立"数字内容产业推动办公室",以作为产业推动与服务的单一管理服务机构,协调相关部门,联合学术界、企业、协会与社团组织等共同推动数字内容产业的发展。

(二)推动数字内容产业的创新

中国数字内容产业的创新涉及的方面很广泛,不过基本上可以分为宏观和微观两个层面。宏观层面的创新主体是政府机构、中介机构和学术机构,他们进行的创新活动主要是理论创新和制度创新。微观层面的创新主体则是数字内容产业内的各个企业以及与其有商业往来的经济组织,而微观层面的创新又可以分为内容创新、技术创新和商业模式创新。(参见图3-2)

1. 数字内容产业制度创新

数字内容产业制度创新是指政府机构或者有关中介机构对涉及数字内容产业的相关制度进行建设、改革等活动(而企业和其他机构对自身管理制度进行的建设和改革,由于对外部没有普遍影响力和约束力,本文不加以讨论)。制度创新的内容主要有出台鼓励或限制某些企业或行业发展政策、对企业的经营行为进行规范、制定相关行业标准、制定相关法规等等。例如,中国许多地方政府制定了鼓励动漫游戏产业发展的政策，出台了优惠措施，促进了相关行业的发展。制度创新可以优化企业发展的外部环境，促进市场要素的整合，推动市场资源向数字内容产业的流动，对于数字内容产业发展具有决定性的意义。我国的数字内容产业发展速度不够理想，与我国以往的许多限制性政策有很大关系。因为传统的内容产业大多涉及传播和媒体领域，都属于限制非国有资本进入的领域，而很多行业即使进入数字时代之后，仍然难以摆脱政策的约束，数字电影和数字电视就是典型的例子。因此，通过制度创新，减少数字内容产业发展所受到的限制，对于中国数字内容产业发展具有至关重要的意义。

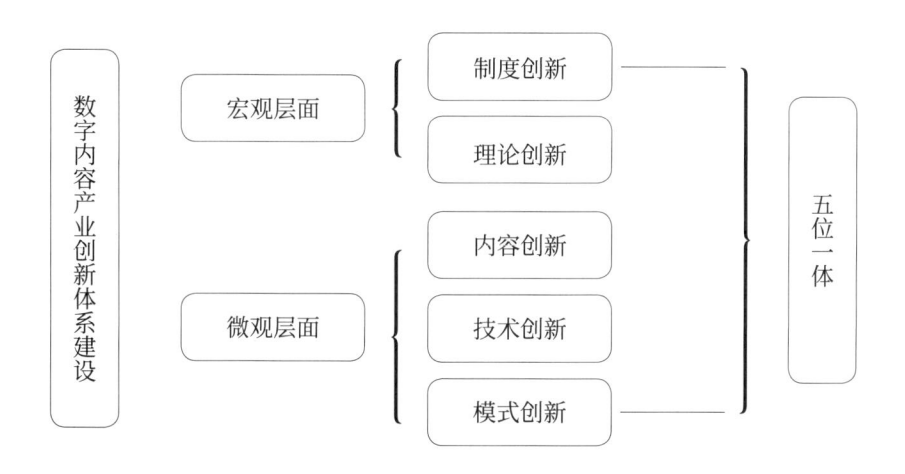

图 3-2：数字内容产业创新体系建设模型图

2. 数字内容产业理论创新

数字内容产业理论创新是指相关学术机构和个人，对于数字内容产业产生、发展等过程的理论进行研究之后，对以前理论进行的突破和发展。理论创新不仅可以总结数字内容产业发展的规律，也可以预测数字内容产业的发展方向和趋势，对于政府政策的制定和企业的经营行为都具有重要的指导作用。数字内容产业的理论研究主要是依据有关学科理论，对数字内容产业的发展规律进行研究。数字内容产业由于涉及的行业门类众多，因此其研究所涉及的学科领域也十分广泛，涉及数学、计算机科学、管理学、经济学、传播学、文化学、美学、艺术学、社会学、教育学、建筑学、规划学、法学等等众多学科。例如，数字内容的安全涉及密码学、定价涉及经济学和管理学、版权保护则涉及法学。因此，数字内容产业的理论研究领域非常广泛，跨学科的特征非常明显，对数字内容产业进行研究需要跨学科的综合性学术背景或者跨学科的合作。

3. 数字内容产业的内容创新

数字内容产业的内容创新则是指数字内容生产企业对其产品进行的创新。对数字内容进行创新的目的是提升产品的吸引力，希望提高产品的价格或者销售数量。内容创新是生产企业的生命力所在，如果没有适应市场需要的内容，企业就会被市场淘汰。

4. 数字内容产业的技术创新

数字内容产业的技术创新是指数字内容生产企业通过技术研发，研究出可以应用于其产品生产、销售、配送、保护等生产经营过程的新技术。数字内容产业的技术创新也十分重要，通过技术创新，可以使得产品更加易于传输、销售，或者是产品不容易被复制和传播，从而提升企业的经济效益。

5. 数字内容产业的商业模式创新

数字内容产业的商业模式创新则是指企业在生产经营各环节所进行的创新，通过创新获取竞争优势的过程。包括战略、营销、定价、生产、投融资等环节的一部分或者几部分[01]。

（三）建立相对完整的产业管理和法律体系

参照国外的先进管理与法律法规建设经验，结合我国的实际情况，笔者以为，我国应主要从以下四个方面来进一步加强数字内容产业管理

01　刘卓军，周城雄. 中国数字内容产业的创新模式分析 [J]. 中国软科学，2007（06）：111-114.

与法律法规建设工作。（参见图3-3）

图3-3：数字内容产业管理与法律体系建设模型图

1. 德治

道德是人类行为准则的调节器，运用道德手段管理数字内容产业是对法律、行政手段的重要补充。《说文解字》中的"仁义礼智信"五常说，也反映出经济发展需要有道德根源。我们要努力提高数字内容生产者和消费者的素质，帮助他们养成良好的道德修养，切实履行《中国互联网自律公约》《中国新闻界网络媒体公约》《中国互联网协会反垃圾邮件规范》《全国青少年网络文明公约》等4部自律性规范，自觉依法开展数字内容的生产、销售、传播、交易和使用。

2. 法治

国外数字内容产业先进的管理和立法经验告诉我们，一套完整而切实可行的法律法规是数字内容产业得以快速可持续发展的重要保证，因此，我们应从国家层面尽快制定我国关于数字内容产业的专门法律法规。要在充分借鉴国外立法经验同时，还要在对现在法律法规进行清理的基础上，认真研究现有法律法规存在的问题或不足，特别是关于数字内容产品的生产、制作、传播、交易等过程中所涉及的知识产权问题要认真加以研究，既要充分保护带有技术措施保护的数字内容产品，又要严格依据法律规定，作出合理的例外和豁免，以确保符合合理使用的部门和机构的利益。要开展数字产业发展的实际状况及其需求的调查、统计与分析，以便制订和建立具有较强针对性和较高水平、科学合理的具有中国特色的数字产业法律法规体系。

3. 自治

首先政府应在明确相应的政府管理部门和职能的基础上，制定明晰的数字内容产业政策，协调产业发展，优化投融资体系，制定合适的人才引进交流体系、产权明确与保护、税收等一系列法律法规，构建良好的产业发展环境。其次，相关的行业协会如中国互联网协会、中国信息产业商会、中国版权保护中心、中国版权协会、中国软件协会、中国音像协会等积极发挥在数字内容管理中的作用。建议在条件成熟时建立我国数字内容产业协会，统一归口管理。再次，数字内容生产者和供应商要加强自治，严格自己的生产和经营、交易行为，积极参与构建良好的产业环境。

4."技治"

"技治"就是通过技术手段来加强数字内容产业的管理，严厉打击利用技术手段在数字内容产业上恶意侵犯他人利益的行为，技术的问题可以通过技术来解决，技术措施保护是重要的方式。具体讲包括以下几个方面：首先，要整合行业技术力量，形成产业联盟，合力研发数字内容产业相关核心技术及确立产业标准。其次，要加紧对数字内容监管系统的研究和开发，不断升级监管技术手段，以准确把握互联网上信息传播的动向[01]。再次，在利用信息技术对内容产业进行监管时，要充分考虑到监管行为的可行性、合法性，一切行动应在国家有关法律许可的范围内实施，不能与现行法律法规相抵触从而产生新法冲撞现行法的现象。

总之，政府建立数字内容产业管理法律法规建设时，应坚持综合考虑、全盘规划、科学实施。要通过德治、法治、自治、"技治"等多重手段，形成一个相对完整的管理体系，建立一个联动有效，能促进我国数字内

---

01 孟媛.我国互联网信息内容管理和法规体系[J].出版参考，2005（05）.

容产业健康有序发展的管理模式[01]。

二、推动数字内容发展的产业政策

政府可以发挥产业政策的作用，在战略取向和市场秩序等方面发挥积极作用，推动数字内容产业的发展。

（一）明确产业政策取向

1. 制定产业建设的总体战略规划

政府部门作为数字内容产业建设的引导者、协调者，依据国家信息化发展战略，根据数字内容产业发展的实际需要，制定数字内容产业建设的总体战略规划，明确产业发展的指导思想、基本原则、工作目标、政策措施、实施步骤和保障措施。

2. 积极鼓励数字内容产业的发展

面对数字内容产业的日常管理问题，应努力减少法规管制类工具的使用。而对一些新兴的业态和商业模式不要急于限制或者处罚，应当容其经过一定时间的发展，管理举措经过充分酝酿和清晰之后，再根据相关情况加以规范、实施，而在移动互联网方面的政策尤为需要谨慎和理性。

3. 发挥政府部门在产业发展和建设上的引导协调作用

优化数字内容产业的建设环境，加强数字内容产业发展的规范化、制度化和法治化建设，严格保护数字内容产品的知识产权建立，健全产业发展和建设的法律法规和体制机制。

4. 出台优惠政策，加大财政支持力度

政府部门要充分发挥财政政策、税收政策、信贷政策等政府公共政策在推进数字内容产业建设中的积极作用，制定财政补贴、税收减免、

---

01 杨海平.我国数字内容产业管理与法律法规建设的思考[J].图书馆杂志，2009（10）：16-18.

贴息贷款、加速折旧等优惠政策；增加财政对数字内容产业的投入力度，改进资金投入和管理方式[01]。

（二）利用政策手段，建设完整的产业链

数字内容产业代表了一个大的产业集群，涉及数字内容产品生产、交易、传输、技术支持、服务支持等复杂环节。要对包含如此众多的产业集群进行有效管理和运营，必须依靠政府的统筹规划，制定相关政策，激励企业通过投资、兼并、收购、合作等方式，形成一个综合的产业生态链。政府在制定政策时，应把握发展好连接该产业链的三个重要环节：第一环节是娱乐文化的创意和制作；第二环节是内容的运营；第三环节是消费体验。只有把这三个环节连在一起，才能构成一个完整的数字内容的产业链。

（三）围绕市场失灵和公共服务需求提供政策支持

1. 政府应在产业发展的市场失灵方面提供政策支持

如，数字内容产业涉及无形资产融资问题，需要研究数字内容的知识产权等无形资产评估、担保机制，创新数字内容企业融资方式，建立数字内容产业发展引导基金，引导风险资金投资数字内容产业。

2. 支持公共服务领域的数字内容开发利用

支持教育培训、医疗卫生、行业应用、国防等领域的数字内容产品开发，推进文化、科技、社会等信息资源共享工程，大力发展面向农村、社区的公益性信息内容服务。

3. 根据市场需求整合公共技术服务平台

数字内容产业大都具有高技术特征，公共技术服务平台对于产业发

---

01 闫世刚.数字内容产业国际发展模式比较及借鉴[J].技术经济与管理研究院，2011（01）：104-107.

展具有重要支撑作用。对于目前重复建设的众多公共服务平台，需引导各地根据市场需求加强整合，提高管理运营水平，增强为企业服务的能力。

（四）利用政策优势，提高自主创新能力

为克服中国数字内容产业自主创新能力不足的问题，政府要利用政策优势，提高自主创新能力。一是在文化创新方面，政府要营造良好数字内容产业自主创新的政策环境，理解并支持数字内容的发展，并发挥利用中国传统文化的优势，创造具有民族特色的数字内容；二是在技术创新方面，政府要制定进一步加快中国的信息技术发展的政策，从硬件制造和软件开发两个方面，为数字内容产业的发展提供良好的物质技术。包括推动宽带、泛在、融合、安全的信息网络基础设施建设；推动新一代移动通信、下一代互联网核心设备和智能终端的研发及产业化；加快推进三网融合，促进物联网、云计算的研发和示范应用。

> 相关
> 链接

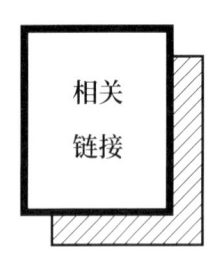

一、案例介绍

案例1：中国台湾数字内容产业[01]

自2002年台湾实施《数字内容发展强化行动方案》以来，台湾内容产业迎来了一个急速成长期。2002年到2009年其数字内容市场规模达4603亿元新台币，约合1023亿元人民币，数字内容市场年增长率达到20%以上。

（一）游戏产业

2009年，台湾游戏产业的市场规模达到354亿元新台币，约合79亿元人民币。其中90%来自于在线游戏的收入。台湾游戏产业的急速增长有以下三个主要原因：一是"御宅族经济"的效果。台湾的数字游戏产业被称为台湾御宅族经济的代表产业。因为收费便宜，再加上只需利用网络就可随时参与游戏，从2008年下半年开始，台湾一些主要在线游戏企业的销售额均有显著上升。"中华网龙"、华义国际等8家公司的销售额达到178亿元新台币，约合39.5亿元人民币；二是台湾本土游戏不断增加。台湾在线游戏市场以前一直是以代理海外游戏业务为主的，近年来台湾游戏制造商强化了自主开发，本土游戏产品大量登场。比如2008年下半年问世的"中华网龙"的《女神online》，宇俊奥汀的

---

01 节选自：宋磊. 台湾数字内容产业发展概况[J]. 出版参考，2011（04）上旬刊：30-31.

《三国英雄传 2 online》等等，就是台湾本土游戏的代表作；三是台湾游戏的海外销售不断扩展。台湾本土游戏产品的增加，不仅带来了其本土游戏市场占有率的扩大，也在很大程度上推进了中国台湾游戏的出口。特别是在亚洲最大的在线游戏市场——中国大陆市场上，拥有同样文化背景的台湾游戏很容易被接受，在大陆市场上的销售额迅速增长。此外，在欧美、日本以及东南亚等国家和地区市场上，中国台湾游戏也得以渗透，可以说中国台湾游戏的全球化发展正在逐步展开。

（二）动画产业

2009 年，台湾动画产业的市场规模为 40 亿元新台币，约合 8.9 亿元人民币。虽然其在 2009 年台湾内容产业中的占比仅为 1% 左右，但相比 2008 年，它还是有着 37.9% 的巨幅增长。

台湾动画产业主要由三部分构成：电视动画、电影动画和宣传广告等商用动画。目前，电视动画占台湾动画产业的 60%，且其主体地位从未动摇。而商用广告动画作为新兴动画分野，近年来加速扩大的趋势非常明显。例如，作为动画产业主要企业之一的顽石创意公司，和中国大陆三大通信运营商中国移动、中国联通、中国电信等均开展了合作业务，在手机上提供动画内容的商业广告，业绩显著。

此外，为了促进台湾动画产业的增长，台湾动画业者自发集结形成"动画产学共同开发联盟"，开展了一系列信息交换、技术共享和国际交流的活动。这些活动有效地提升了台湾动画的制作水平。比如，顽石创意的《Monster Coins》在 2009 年的东京国际动漫节上就获得了优秀作品奖，这也意味着中国台湾动画越来越受到国际上的重视，其海外知名度越来越高。

（三）数字教育产业

2009 年，台湾数字教育产业的市场规模为 153 亿元新台币，约合

34亿元人民币。随着社会对高素质人才的需求越来越多，各种资格认证的需求也逐渐增加，数字教育产业规模的扩大将成为一个必然趋势。

在2009年，台湾知名企业的数字教育导入率达61%。例如：著名企业教育机构——胜典就成功地为大中华精英网、流通产业知识网、出租管理机电产业网等企业提供了教育训练方面的内容服务。

此外，数字教育在电子政务领域的利用也在逐渐扩大。例如：广达电脑公司在其数字教育平台上专门开设了面向公务员教育的"e等公务园"的专区服务，提供政策、法规、管理、英语、健康、防灾等方面的教育培训内容，"e等公务园"教育专区已有780万人次的浏览量。

（四）数字映像、音乐产业

2009年，台湾数字映像、音乐产业的市场规模为420亿元新台币，约合93.3亿元人民币。在台湾，在线音乐服务市场已接近饱和状态，从业公司都在尽力开发新型服务项目。有代表性的是在线音乐提供企业愿景网讯的"无线音乐盒"服务。消费者使用该产品从网上下载了音乐数据以后，可用无线的方式向其他音响器械传送这些数据，进而收听音乐。另外，大量数字强化了面向手机用户的音乐提供服务，向市场上推出了拥有MP4再生机能的手机产品。

值得注意的是，由于台湾本土市场的饱和，台湾企业正在积极拓展中国大陆等新兴市场。中国台湾数字映像、音乐产业的海外拓展将在接下来的几年内成为一个趋势。

（五）数字出版产业

电子书籍的热潮给台湾数字出版产业带来了巨大的商机。世界各地目前正在利用的电子书籍的产品，大部分都是在台湾生产的，或者是由台湾生产商委托在中国大陆生产的。在相关政策的大力推动下，台湾数字出版产业出现迅猛增加的态势。2009年，台湾数字出版产业的市场规模为 283 亿元新台币，约合 62.9 亿元人民币。城邦、远流、天下等主要企业都在积极推进书籍的数字化，联合在线在自己的数字阅览网上有超过 1000 册电子书籍在销售。

另一方面，通信企业和数字出版业者联合，面向手机用户提供杂志、小说、漫画等内容服务。例如，"中华电信"公司在 2009 年 10 月开设了"Hami 书城"，开始销售电子书籍。Magv 在自己的在线阅览网上销售着 5000 册以上的电子书籍，同时还开发了面向 iPhone 和 iPad 的专项服务。

总之，台湾数字内容产业近年来的增长，是在台湾地区产业振兴政策的强力后援和对台湾在硬软件制造业方面的丰富经验进行活用开发的基础上实现的。台湾地区正在努力提高技术含量，积极拓展海外市场，尤其是中国大陆市场，希望在今后的几年中在数字内容产业方面跨入世界先进行列。

案例 2：美国数字出版的产业形态与商业模式 [01]

随着数字技术的迅猛发展和网络的快速普及，美国积极推进数字内容产业——出版产业发展，了解分析美国数字出版的产业形态与商业模式，对中国出版企业在推进数字化进程等方面有着重要的参考价值。

（一）美国数字出版的产业形态

据调查，美国近 48% 的成年人拥有平板电脑或电子阅读器或两者皆有，这为数字出版的发展提供了土壤。根据出版介质划分，数字出版可分为网络出版、电子书出版和手机出版等不同的产业形态。

1. 网络出版

2011 年上半年美国互联网广告总收入为 149 亿美元，同比增长 23%。

---

01 节选自：陈净卉，肖叶飞. 美国数字出版的产业形态与商业模式 [J]. 编辑之友，2012 (11):126-128.

与此同时，印刷版报纸和杂志的读者和广告量急剧减少，网络出版成为广告商的新宠，网络营销、网络出版和网络出版服务等成为主要的盈利模式。2009年，美国著名的IT杂志《电脑杂志》（PC Magazine）也停办纸质版，通过网络广告来支撑网络出版。在美国，除了《华尔街日报》等少数金融类报纸网络收费外，大部分报纸杂志的网络出版都是免费的，靠流量来赚取广告费。此外，还有一些以包月服务为主要盈利模式的阅读服务平台，如爱思唯尔和Safari Online等，以及一些教育类书籍的在线网络出版。

2. 电子书

美国出版商联盟统计显示，在美国纸质版图书的销售额基本保持平衡，而2010年电子书的销售额占总图书销售额的比重从2008年的0.6%增长到2010年的6.4%，出现了井喷现象。在美国，电子书、电子报纸都可以通过电子阅读器来订阅，主要分为以亚马逊为代表的经销商模式和以苹果、索尼为代表的代理制模式。亚马逊新款Kindle DX电子书阅读器可存储24.5万本书目，超过15万种电子书提供给用户下载，大多数售价为9.99美元，与同一本书的纸质版相比，价格仅为1/3左右。该阅读器还可订阅如《福布斯》《财富》《时代》之类的杂志，或者《纽约时报》《华尔街日报》等报纸，甚至一些热门博客。订阅价格每月从2美元到15美元不等，相较纸质版廉价许多。

3. 手机出版

据美国无线电协会统计，2010年美国有3.03亿人拥有手机，占总人口的96%，其中6000万拥有智能手机，手机阅读成为新的阅读形式并带动手机出版的发展。巨额的广告收入为手机出版带来极大动力。许多出版机构也瞄准了手机这一平台，提供给用户在手机上阅读和订购电子书的服务。苹果推出的出版物订阅服务，包括报纸、杂志及其他内容应用程序，订阅收益苹果保留30%、出版商获得70%。

（二）美国数字出版的商业模式

美国数字出版根据其服务和运营模式的不同大致可分为依靠产品、服务和广告收入等盈利模式。总结来看，主要有以下6种代表性的商业模式，分别采用以上的一种或几种模式来盈利。

1.网络营销模式

利用网络和数据库来推动传统出版的发展，网络作为传统出版营销升级的工具来实现纸质图书市场的扩容。在数字化时代，纸质图书被录入数据库，书中的部分内容，如封面、目录、内容提要等，被做成不同的页面，这些页面在谷歌、亚马逊和雅虎等搜索引擎上可以被搜索得到并可以被读者免费阅读。调查发现，这些供读者搜索浏览的试读页面，提高了图书纸质版的销售，谷歌等IT企业则通过搜索广告来盈利，实现了互利双赢。同时，美国图书还越来越依靠Twitter、Facebook、Flickr等社交网站来进行图书网络营销，这些平台成为图书的宣传员、营销员和零售商，通过网络建立新的读者关系。

2.按需出版模式

某些小众图书的出版，在数字化信息远距离传输和高密度储存的基础上，将图书通过数码印刷技术设备在特定时空内高速印刷并装订出来，数字化流程贯穿整个出版过程。按需出版可以规避库存风险。采取此种模式的公司包括美国最大的发行商英格拉姆所属的Lighting Source公司、世界最大的出版集团贝塔斯曼所属的Offset公司等，其服务对象是出版商和发行商，实现图书先定购后制作，出版社可以利用这种技术保持旧版书的再版和短缺的新书迅速补偿库存。

3.IT企业在线广告商业模式

与传统的出版商贩卖内容不同，Google等IT企业靠免费的内容带来流量和人气，从而吸引广告获得利润。例如Google搜索的图书主要来自图书馆和出版社，全世界参与谷歌图书搜索项目的出版社有1万多家，读者使用谷歌的图书搜索时，搜索结果的右边出现与其相关的匹配性广告，读者每点击一次广告，广告商就得给谷歌付费。谷歌"普遍化搜索"功能将图书内容与新闻等即时性资讯合并搜索，提高了图书内容的连动搜索功能，实现了多媒体信息融合。谷歌图书搜索每月最多只能看到书的20%的内容，读者不能打印、下载或者粘贴书中的页面，谷歌对内容提供商实行三原则，即内容提供由出版商自主选择、尊重版权以及利益共享。

4. 互动教育出版模式

对于教育出版而言，网络既是传统出版营销的升级工具，也是内容生成经营的平台，这二者呈现交叉互动的态势。例如，威力图书不仅提供纸质版和在线版的教科书，而且通过CD、PPT和视频等多媒体手段将内容资源整合到电子图书中，创造出一种针对在校学生和教师的互动教育平台。这些电子图书以"教学活动"为形式，以学生学习中的"问题"为连接点，将学生、教师、教科书和作业等有机结合起来。苹果最近与三大教科书出版商谈判，也推出电子版的教科书，里面有互动图表、音频和视频，将带来教科书市场的重大变革。

5. 网络出版和网络营销一体化模式

以巴诺书店（美国最大的零售书商）控股的Iuniverse.com和兰登书屋（贝塔斯曼集团旗下）投资Xlibris.com为例，这两家出版网站都既是出版平台，也是图书销售平台。作为出版平台，他们为作者、出版商和普通商业公司提供服务。作者服务为个人作者提供自费出版机会，根据作者提供费用的多少而实行分级服务，有基础服务、专业服务和个性化服务等；出版商服务是帮助出版社管理网上出版发行的整个过程，从挖掘出版资源开始，一直到发行之后版税的统计和追踪，为传统出版社提供进行数字化的出版发行操作服务；商业服务即为普通的商业公司提供形象设计，编辑出版一些内部的文件和手册等。作为销售平台，他们在网站上销售本网站出版的POD图书或者e-book，并和其他大型出版机构和图书销售商合作，在网上销售其他图书。

6. 专业学术期刊和图书的数据库盈利模式

这种模式主要应用于专业期刊、图书和大型品牌工具书的出版公司，他们建立各种类型的数据库和在线编纂平台，把各种文本数字化放到网络上，以网络平台经营内容资源而盈利。美国约翰 威立出版公司就是应用此种模式成功的典型，该公司开发了一个在线出版平台 Inter Science，基于该平台建立了几个大型的专业数据库，包括科学、技术、医学和学术出版等，并按照学科不同将内容结构化，满足细分化受众的需求。随着威立并购布莱克维尔，在线出版平台 Synergy 和 Inter Science 整合成功后，可在线提供逾5000种图书和1300种期刊以及大量参考书、工具书和实验室指南。威立公司目前在线期刊收入占期刊总收入的70%，在线图书收入占图书总收入超过10%。此外，美国的专业数字出版还包括 Lexisnexis Academic 学术大全库、lexis.com 法律库、统计数据库、环境数据库以及美国国会数据库等，均是重要的数字化产品，为全球100多个国家和地区提供服务。

大数据时代，不仅要看到其技术属性的"大"，也要看到大数据在创造社会价值、变革行为方式等社会属性的"大"。大数据时代，政府在治理过程中应更加关注的是大数据的社会属性。大数据的广泛应用将催生"智慧治理"这一新的政府治理模式，它所强调的是通过大数据技术，提升政府治理能力，更好地处理公共事务、满足公众需求。随着信息技术的飞速发展，互联网等新媒体的广泛应用，政府治理走向智慧治理，因为大数据时代对政府治理广泛的影响，但也给政府治理能力建设带来了重大的机遇。政府智慧治理的重点任务有五项：一是智慧决策；二是多元协作；三是智慧服务；四是智慧监管；五是智慧应急。智慧治理的实现不是一朝一夕的事情，需要有正确的实现途径和有力的保障措施：包括深化大部制改革、完善相关法律法规、完善相关机制、发展信息产业和鼓励公民参与的实现途径，以及加强组织领导、增强技术支撑能力、加强业务人员和领导干部的培养和强化政府信息安全保护的保障措施。

第四章

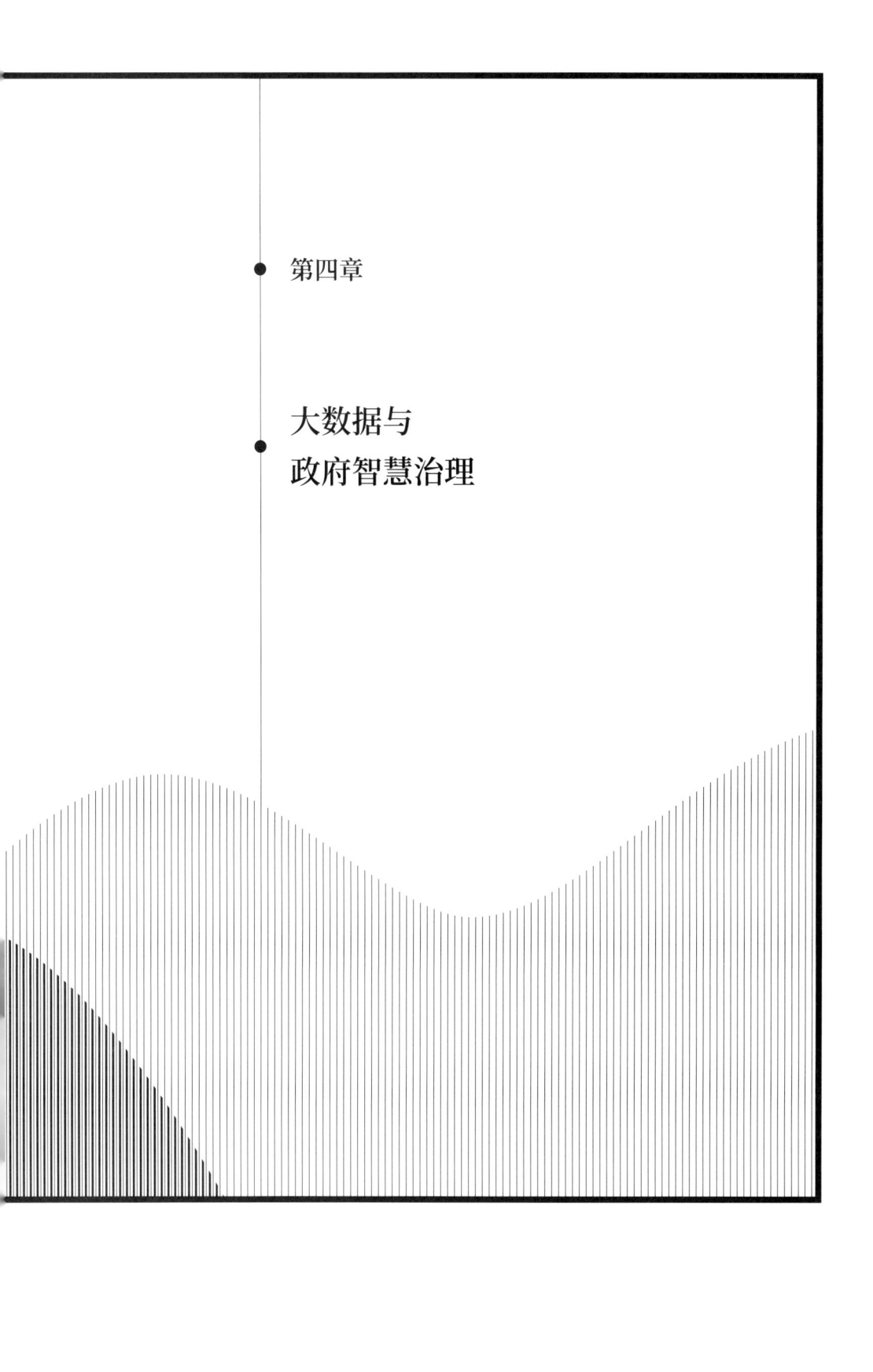

大数据与
政府智慧治理

第一节
政府治理走向智慧治理

随着信息技术的飞速发展、互联网等新媒体的广泛应用，大数据已经悄悄向我们走来，改变着我们的生活。大数据及其相关技术的研发与应用，给经济社会发展带来新的影响，也给政府治理能力现代化带来良好机遇。

一、大数据时代对政府治理的影响

大数据时代的来临对政府治理方式、政府职能和政府自身管理等方面产生广泛的影响。

（一）对政府治理理念的影响

大数据时代对政府治理理念的影响主要体现在五个方面：一是开放的意识。"开放"是大数据时代的最强音。无论是美国提出的"开放政府"战略，还是规模不断扩大的世界"开放联盟"组织，世界各国政府的开放意识都在强化。而开放意识的缺失，将使一个国家或政府在大数据时代处于"被淘汰"的境地；二是包容的心态。大数据时代，国家间的包容性增强，主要表现在打破国家的数据分界线，实现数据世界的一体化；政府利用"社交"方式为公民提供了合法的倾诉平台，可以更近距离地听到公众的声音，政府与公众之间的包容度增强；三是科学的态度。大数据时代，数据的颗粒度在变小，政府所能获得和提供的数据更加原始与真实，政府决策过程在科学技术的支撑下变得高效与可考证化，决策结果中不确定因素所带来的风险大大降低。科学思考成为一种习惯，经验分析不再主导；四是关联的思考。大数据时代，认识问题、分析问题、思考问题、解决问题，都需要进行"关联"，人的关联、物的关联、人与物的关联、历史时间的关联、地理位置空间的关联、多维度的关联；五是深度的分析。大数据时代，分析是深度的、实时的，大数据分析的是极端个人化的数据，这些个人信息以形态各异的形式分散在不同的时间段、不同的地理位置、不同的网站平台，大数据要做的就是不停地分析，深入挖掘这些看似不相关的数据，找出数据间可能存在的规律。

（二）对政府治理方式的影响

随着政府治理环境的改变，政府治理方式在不断发展创新。大数据被认为是继互联网革命之后又一次技术革命。技术是政府治理的要素之一，技术变革是政府治理现代化的重要推动力量。对于政府来说，技术变革既可以带来治理手段的创新，也可能推动治理机制的创新，最终变革政府治理方式。一是产生政府治理的"倍增"效应。信息技术飞速发展的时代，相继出现了数字化治理、网络化治理，由此"治理"理论的核心理念转变为，通过合作、协商、伙伴关系，确定共同的目标等途径，实现对公共事务的管理，涉及的核心问题就是权力多中心化以及由此引发主体多元化、结构网络化、过程互动化和方式协调化的诉求。对比大数据的社会属性，发现其与"治理"理论在多中心、回应性、协同化等诸多方面不谋而合。因此，将大数据应用到政府治理中将加速政府治理的创新，可以产生"倍增"效应。二是"智能化"重新塑造政府治理模式。大数据时代的政府治理方式将以"智能化"重新塑造政府治理模式。在智能时代，人与人之间的合作、任务之间的对接会更精确，要求政府治理实现"智能化"，以降低整个国家和社会的运行成本。大数据时代，海量基础数据经过多次转化，政府治理实现"智能化"。首先，通过利用先进的数据技术对大量的政府业务数据和公众行为数据进行分析，实现无序数据向关联化、隐性数据向显性化、静态数据向动态化、海量数据向智能化的转化；然后，政府加大数据开放力度，形成新的产业进而创造利润，同时也可以利用数据加强绩效考评，提升政府人员、政府组织和 IT 资产的效率，进而节省政府行政成本，提升政府竞争力；最后政府加深在网络反腐、舆情监控等公共领域对数据的应用，实现政府决策、政府管理由事后决策转变为事前预警，将数据转化为科学决策，提升政府决策力。如此，经过多次转化，政府把低价值度的数据转变成政府治理能力，实现"智能"治理。

（三）对政府社会治理的影响

大数据环境下对政府社会治理影响表现在三个方面：一是公共决策趋于"社会化"。大数据环境下社交网络快速发展所产生的社会行为数据使得政府决策"社会化"特征更加明显，社会行为数据的深度分析使得政府在决策治理机制上呈现出社会化创新趋势；二是社会参与从"象征性"到"实质性"。大数据环境下政府将以更加开放的心态把经济组织、社会组织、居民自治组织和公众等多元治理主体当作"合作伙伴"和解决问题的"决策者"，给予多元治理主体广泛的参与机会，从而推动多元治理主体参与由象征性参与阶段迈向实质性参与阶段；三是应急管理"去危机"化。大数据环境下政府通过增强对现象发生小概率的关联与研究，可以有效减少社会危机发生的不确定性，增强风险预警能力，降低社会危机带来的危害[01]。

---

01 刘叶婷，唐斯斯. 大数据对政府治理的影响及挑战[J]. 电子政务，2014（06）：20-29.

二、大数据时代政府治理能力建设的机遇

网络信息的普及化和大数据时代的到来，给政府治理提供了全新的路径，对政府治理能力建设具有特殊的价值。

（一）拓展了政府治理的主体范围

从政府治理的主体来看，大数据环境下信息快捷性拓展了政府治理的主体范围。政府治理转变为政府机构为主导，并以社会多元治理主体协同治理的公共行政行为。

（二）提升了对政府治理对象的科学认知

从政府治理的客体来看，大数据环境下动态化的数据信息提升了对政府治理对象的科学认知。大数据环境下数据处理的快速化带来的价值，能够有效降低政府的治理成本和促进治理对象在适应政府治理战略需要的过程中增强治理的针对性和有序性。

（三）提高政府治理的透明度

从政府治理的过程看，大数据环境下数据的开发与应用提高了政府治理的透明度，促使政府信息公开，并且加大了政府跨部门之间的信息共享，为公共管理等方面提供了及时的有效信息，进一步扩大了公共服务的领域范围，更加体现出便民性，提高了管理的科学性、时效性。政府治理的透明化和公开化，构成政府治理能力提升的重要渠道，也是政府治理能力现代化的一个重要特征。

（四）实现了政府治理的智能化

从政府治理的支撑条件看，大数据环境下数据的科学性和精确性实现了政府治理的智能化。大数据的开放和应用，为政府治理提供了良好

的技术平台和智慧力量，促进政府治理向智慧化转变。

三、大数据时代政府治理走向智慧治理

大数据时代对政府治理的影响，以及大数据"智能"化技术手段带来了加强政府治理能力建设的机遇，必将催生出一种全新的政府治理模式，它是现代科技理性高度彰显的产物，是将大数据作为政府治理的结果——"智慧治理"（Intelligent Governance）[01]。

（一）智慧治理的内涵

智慧治理是指政府在治理过程中，以大数据"智能"化技术手段感测、分析、整合社会运行核心的各项关键信息，并通过经济组织、社会组织和公众的参与和协作，从而对政府决策以及各项社会活动治理做出智能的响应，最终建立更具责任性，更值得信赖，更加开放、透明、高效的政府。

"智慧"意味着对事物能迅速、灵活、正确地理解和处理的能力。智慧来源于数据，人在融合了观念、知识、能力和品质的基础上，充分吸收外部世界得来的大数据，然后做出判断和选择，这就是智慧的诞生。大数据的应用将为人类社会带来一场"智慧革命"："从海量、复杂、实时的大数据中可以发现知识、提升智能、创造价值"。而在政府治理实践中，智慧治理意味着通过大数据技术的广泛性应用构建一个智能化的公共事务处理平台，在这一平台的支持下，社会稀缺资源能够得到最为合理的配置，复杂的社会公共物品与公共服务需求能够得到最大程度的满足，而且濒临失控的社会秩序也能够以最为合理的方式走向新的

---

01 张海柱，宋佳玲.走向智慧治理：大数据时代政府治理模式的变革[J].中共济南市委党校学报，2015（04）：41-46.

和谐局面。

智慧治理的核心是在充分占有大数据的前提下实现对大数据的有效应用，来获取知识所必需的工具和技能。正是由于大数据赋予了政府治理者对某事物进行深度挖掘与多维分析的能力，它将推动政府治理由传统的粗放型向精细化转变。

（二）智慧治理的特征

1. 智慧性

智慧治理的智慧性主要表现在三个方面：一是政治系统内部的政治管理智慧，如政府通过内部自我"革命"的方式来减少腐败、提高效能，从而担当公共责任、赢得公众信任，这有利于政府以后管理工作的开展；二是集合公民集体智慧，人民群众的力量是无穷的，他们是物质财富和精神财富的创造者，智慧治理把公民社会中的公民个体纳入到其中，充分发挥其创造性作用；三是智能技术提供的自动化和智能化，其典型代表就是智慧系统，它集合人工智能、数据挖掘、机器学习等技术来模仿和学习人的思考和思维方式，增强自主能力。

2. 参与性

治理中强调的公私合作，智慧治理内容中公众正式与非正式参与都是参与性的体现。现代社会公众或用户参与对于事物发展具有重要的作用，很多政府部门也发现了这其中的奥秘，在政府网站或政务应用设计时充分考虑提供用户参与渠道。例如北京市城管部门将公众纳入到城管执法与监管的行列中，发布"北京城管通"手机应用供市民下载使用，市民可以通过城管通举报和反馈意见，同时北京市城管部门还建立了北京城管维基，并利用网民力量建设政务维基。

3. 整体性

智慧治理在大数据的广泛应用基础上，相较于传统的政府治理模式而言具有了治理对象的"整体性"特征，所谓治理对象的"整体性"，是指由于大数据时代一切社会事物与人类行为都能够被数据化，都能够被认知与处置，因而它们都将成为智慧治理的对象。

4. 协同性

现代社会事务纷繁复杂，做好工作的基础技能就是协调和统筹的能力。智慧治理作为智能时代的治理方式，协调和统筹是必备要素。智慧治理中协同的对象有：政府内部横向部门、纵向部门，不同的任务组，公共部门与私人部门等。协同是为了整合政府内部力量、集合政府外部力量来共同提供更加优质高效的服务，提高政府决策的效率和效能。

5. 责任性

不管是效能政府、责任政府还是更好的政府，都与政府责任性密切相关。只有一个负责任的政府，才能赢得公众的信任和信赖。智慧治理具有责任性，必须对公众负责。此外，不能忽视的是，责任性不仅指政府，公众和私人部门也必须具有责任性，强调公民参与的义务性，参与过程必须对自己决策和行为负责。

第二节
政府智慧治理的重点任务

大数据技术的引进与理念的转变要想真正转化为政府治理绩效的改善，关键还在于政府治理体制上的优化，这样才能将相关技术与理念落在实处。政府智慧治理的重点任务有五项（参见图4-1）：

图4-1：智慧治理的重点任务

一、智慧决策

大数据时代的决策需要从传统的依靠直觉判断和主观经验的模式，向大数据驱动决策模式转变，实现政府治理的现代化，提高决策科学化水平。数据驱动决策将使政府更高效、开放和负责,更多地在事实基础上做出判断,而不是主观判断或者受利益集团干扰进行决策。基于大数据的智慧决策也开始成为世界各国政府管理现代化发展的一项重要选择。就政府智慧治理能力而言,其核心要素是决策能力建设[01]。

(一)养成数据决策的意识

大数据时代要养成数据决策的意识,注重对数据的采集、分析和预测。政府部门决策层要养成"数据怎么说"的习惯,在立足数据的基础上进行客观分析与判断,这是保证大数据价值得以发挥的重要保障。另外,在决策过程中,要变"拍脑袋决策"为"数据决策"。尤其是在数据分析结果与常识或主观预测不一致时,是以数据分析结果为依据还是以常识、主观预测为依据,这是大数据时代对组织的重大考验。如果仅仅把数据分析作为主观意志的次要辅助,或者仅仅是作为决策者既有决定的支持与粉饰,大数据将失去价值与知识创新的可能性。

(二)建立智慧决策流程

各级政府的科学决策、民主决策、依法决策,要按照"优化决策流程,智能辅助,预测决策"的思路,建立"搜集数据—量化分析—找出相互关系—提出优化方案"的决策流程,以及通过政府部门间的数据信息调用和云技术应用,探寻数据间的相关性,发现事物之间难以察觉的关联性,以便提高决策工作效率,创造更大的科学决策价值,发现新的决策方案,促使政府决策更具科学性和权威性,政府治理过程更具精细化。

(三)建立信息反馈机制

各级政府要应用大数据跟踪决策的实施,并建立信息反馈机制,根

---

01 唐皇凤,陶建武.大数据时代的中国国家治理能力建设[J].探索与争鸣,2014(10):54-58.

据决策执行情况、环境变化和公众诉求及时调整决策，以达到决策纠偏的目的，以便向社会提供更切合实际的、高效的公共产品和公共服务。

二、多元协作

大数据时代，包括普通公众在内的多元主体参与政府治理的必要性更为突出，因为他们都已经成为大数据的重要来源。普通公众可以借助于社交媒体网络即时、便捷地将自己对公共事务的态度或公共服务的需求反映给政府相关部门谋求解决，这些新兴媒体正在日益成为增强政府与民众之间沟通互动的新渠道。除了社会公众外，以公司企业为代表的市场主体也成为政府治理中的重要参与主体。特别是信息产业界中的一些优质企业，它们可以凭借所掌握的现代信息技术特别是大数据处理技术，协助政府管理者实现海量数据中富有价值的信息的挖掘、处理与应用。智慧治理是一种融合信息技术、政府职能和公民参与的动态互动体系，它对其主体的要求是政府在有效履行并积极拓展自身职能的基础上，构建一个有效的"政府—社会—市场"协同治理机制。政府在智慧治理过程中，推动政府数据公开共享，实现政府主导与多元治理主体协同治理格局。（见图 4-2）

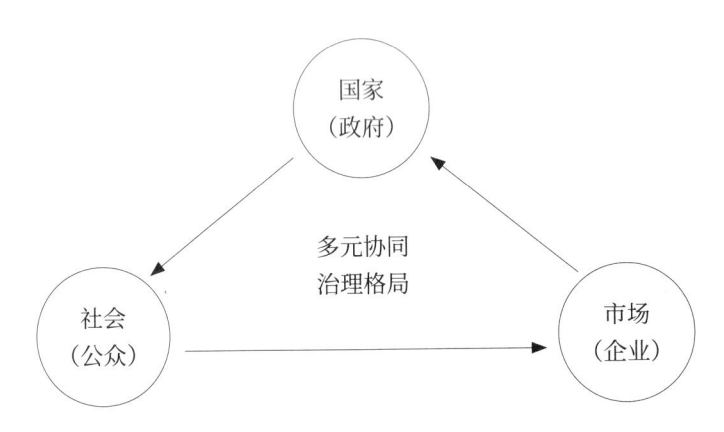

图 4-2：大数据时代多元协同治理格局示意图

（一）建立多元协作创新模式

以政府主导、协会推动、企业实施、公众参与的智慧治理多元协作，积极发挥协会的综合衔接作用，建立连接政府、科研院校、服务提供商和应用企业的纽带，促进资源对接。同时，政府运用数据提升居民自治能力。

（二）扩大多元治理主体参与政府决策

政府吸引经济组织、社会组织和公众参与政府决策，利用多元治理主体多角度的分析和审视，使更多的问题被发现、更多的细节被完善、更好的方案被制定。同时，政府利用协会的资源优势，充分发挥协会的咨询顾问作用，促进政府决策的科学；政府出台相关的行业规范标准，补充政策规范，指导行业发展。

（三）发挥企业大数据开发利用优势

发挥一般企业采集数据和利用大数据优化内部管理流程、提升精细化管理水平、应对和预测市场的优势，以及大数据企业开发和利用大数据的优势，为政府智慧治理提供数据和技术支撑。

三、智慧服务

智慧治理的落脚点是智慧服务。智慧服务是一种新形态和高质量的创新服务体系，在"以人为本"行政理念指导下，将信息技术与政府职能、组织机构和社会治理实现有效整合，提供优质、便捷、高效的公共产品和公共服务，最终实现从管理本位到服务本位的蜕变。政府在推进智慧服务过程中，智慧治理要以提升政府治理能力现代化为切入点，利用大数据为社会提供更好的服务[01]。

（一）分析识别居民服务热点需求

智慧服务的前提是智慧感知，政府部门应充分利用门户网站、政务微博、搜索引擎等信息技术，与社会民众、社会组织和企业互动，一方面将政府公共服务的内容、程序、要求和范围等公布于众；另一方面对社会公众的意见、建议和诉求进行汇集和整理，以识别居民服务热点需求，并通过对数据的充分挖掘，科学决策并引导服务，提高公共服务产品设计与提供的前瞻性、针对性和有效性。各级政府借助大数据框架的相关技术，可及时发现在经济社会转型期不同人群的公共服务需求，优化工作力量配置，提升部门工作效率，改进基层政府治理工作，提高公众满意度。

（二）构建智慧服务的基础

智慧服务的基础是构建智慧业务平台，即构建一个能够提供一站式、定制化服务的"整体政府"，为公众提供均等化的公共服务。构建完整的、系统的和多层次的智慧业务平台，进行部门内部与部门之间的职能整合，加强政府部门之间协作，优化政府组织结构与服务流程，并在提供服务的过程中，整合政府各层级、各职能部门所掌握的数据依法对外开放，以此有效简化审批、办证的办事流程，对内共享交换，对外协同服务，提升政府服务水平和能力。

（三）提供智慧评价和智慧监督保障

智慧服务的保障是智慧评价和智慧监督。信息和电子技术不仅提高了公共服务的公开性和透明化，而且使政务评价与监督的客观性、即时

01　杨冬梅. 大数据时代政府智慧治理面临的挑战及对策研究 [J]. 理论探讨，2015（02）：163-166.

性成为可能，社会公众在享受公共服务的同时能够对所享受的服务进行综合评价。政府部门应该进一步完善政务评估指标和监督方式，打造公共服务运行绩效的综合监管平台，实现服务数据、评价数据的即时收集、分析，以提高公共服务的质量和水平。

四、智慧监管

随着大数据时代的到来，以大数据为支撑的市场和社会监管方式的创新成为可能，为实现政府的智慧监管奠定基础，从而能够更好地服务经济社会发展。数据监管是政府监督市场和社会的重要工具。各级政府要善于运用大数据提升市场监管和社会监管能力。

（一）运用大数据技术提升政府的市场监管能力

一般来说，智慧监管平台需要构建"三个中心"：一是要建立数据融合中心，需要将政府部门、行业协会、第三方机构以及互联网数据等各方数据进行采集、整理和融合，构建企业、自然人和商品视图，建立监管目标画像，从而减少监管过程中的信息不对称问题；二是在数据融合中心的基础上构建分析应用中心，建立数据分析应用的标准、方法和模型体系及技术支撑根据，以业务为导向围绕分类、分层、定向监管的应用构建风险探测模型，实现对区域、行业和类型风险的监测预警，准确找出高风险监管对象，为精准监管提供支撑；三是要构建业务指挥中心，根据分析应用中心的分析结果，结合业务模式和风险类型，通过"数据大脑"的分析研判，建立指令驱动、半指令驱动和参考驱动的业务指挥体系，做出科学决策、快速发出行动指令[01]。

运用打造大数据施政平台加强政府治理，推进工商、税务、质监、

---

01 李钰，周洪美. 数据驱动智慧益管 [J]. 中国市场监管研究，2016（10）：22-23.

安监等部门收集企业数据信息，并通过云计算技术对数据进行研判，实现对市场信息的统一管理，及时发现市场监管漏洞。同时，利用大数据施政平台整合政府有关部门的行政权力，进而通过统一标准，优化、细化和固化施政行为的每一环节和流程，并使它连贯成一个完整轨迹，从而实现网上审批、执法的一体化，做到处处留有痕迹，真正让权力在阳光下运行；实现政府负面清单和责任清单的透明化管理，最大程度压缩诱发贪腐行为的权力寻租空间。

（二）运用大数据技术提升政府的社会监管能力

通过对人口信息数据进行分类，能够有针对性地对基层社会进行有效管理和动态监控。建成集合金融、工商登记、税收缴纳、社保缴费、交通违章等信用信息的统一平台，实现资源共享；建立以公民身份号码为基础的公民统一社会信用代码制度；建立和完善以组织机构代码为基础的法人和其他组织统一社会信用代码制度，建立国家的社会信用体系。

五、智慧应急

智慧应急所倡导的智慧感知、智慧分析与智慧处置为社会突发公共事件的预防、分析、追踪、处理和决策等方面提供了科学的方法与指导。各级政府在应对各种公共应急事件中，运用大数据技术为应急管理提供更多的治理资源和手段。

（一）建设智慧应急管理系统

智慧应急管理系统就是运用具有智慧特征的先进的技术与持续创新理念实现智慧型的应急管理的一种新的复杂系统。云计算技术、物联网技术、无线网络技术、数据挖掘技术、ICT 技术是智慧应急管理系统的关键技术，正是因为这些关键技术才使其具有明显功能优势。

（二）做好智慧应急的情报工作

从应急数据到信息、知识、情报的转换与层递，情报作为面向应急决策层面的主要资源贯穿于智慧应急整个流程之中。因此，强化情报资源在智慧应急中的支持作用至关重要。而应急情报工程化则是应急分析的情报服务新模式，有利于改善复杂多变的应急决策环境。情报工程是要重视情报服务的自动化、协同化与集成化。因此，从某种程度上来讲，应急情报工程化是智慧应急的显著特征和重要体现[01]。

（三）提升智慧风险预警能力

通过监测数据增强对小概率现象发生的关联与研究，找到规律，有效减少社会危机发生的不确定性，增强风险预警能力，降低社会危机带来的危害。利用大数据技术增强对经济风险、自然风险发生可能的预见性；有效追踪食品与药品从生产到流通的各个环节，将隐患消除在源头。

（四）加强关联分析

通过对被召回的物品和相关数据进行关联分析，实现对企业、行业的有效监管；利用世界医疗、技术资源共享增强风险的可控性。此外，政府应急管理发展态势越来越取决于公众的态度，通过对公众所关心的社会热点、微博等社交媒体的分析，较早地发现社会群体事件预兆，进而采取有效的解决策略。

---

01 李阳，李纲. 面向应急决策的智慧城市情报工程实践与应用[J]. 图书情报工作，2016，60（11）：81-85.

第三节 政府智慧治理的实现途径和保障措施

智慧治理是一整套规则、因素和能力的集合，智慧治理是未来公共服务供给的一种新方式。智慧治理的实现不是一朝一夕的事情，需要有正确的实现途径和有力的保障措施。（参见图 4-3）

完善智慧治理的途径 {
- 深化大部制改革
- 完善法律法规
- 完善相关机制
- 发展信息产业
- 鼓励公民参与
} 五条途径

图 4-3：完善智慧治理的途径

一、政府智慧治理的实现途径

（一）深化大部制改革

大部制是指大部门体制，也就是说在政府的部门设置中将职能相近、业务范围趋同的事项集中到一个部门，由这个部门进行统一管理，减少职能交叉、政出多门和多头管理，精简成本、提高效率。大部制改革的核心是转变政府职能，对政府机构和部门进行整合和协调，减少政府机构数量，促进政府部门沟通与协调，提高运作效率。推行大部制有助于政府以提供公共产品为己任，规范政府公共权力，促使政府回归公共服务。

大部制改革能够为智慧治理政府内部的协调和整合创造良好的环境，一方面相近职能和相关业务部门整合在同一个部门之内，拥有共同的领导层次，以前部门之间的事情现在变成了部门内部事务，便于他们进行沟通和协调，提高了办事效率；另一方面大部制改革能够化解不同部门之间的矛盾，解决权力冲突，简化和规范行政部门之间的行政手续，这对于政府内部大部门之间的沟通和协调起到良好的促进作用。因此，作为大部制改革主要内容的政府组织机构调整和政府流程再造成为智慧治理发展的重要推动力量。

（二）完善相关法律法规

随着技术的创新，隐私变得越来越稀缺。网络化时代隐私稀缺表现为：互联网技术在打破地域、时间的界限的同时也使作为隐私权屏障的地域和时间屏障失去了意义。虚拟网络也并不是真正的虚拟，我们每一位用户都拥有自己独立的 IP 地址，通过用户的 IP 地址就可以获取用户的相关信息。因此，需要对公民信息安全进行立法保护。但是，我国与电子政务发达国家相比，由于技术发展的差距，信息安全方面的立法工作起步较晚，目前也还是处于探索阶段。我国需要完善相关的法律、法规：一是做好立法规划工作。设立立法规划部门负责对国家信息化建设中可能或已经出现的问题进行预测和监控，并及时纳入电子政务法律法规体系。加快制定电子签章、网络信息和交易安全等方面的法律法规；二是坚持统一立法为主，单行立法为辅的立法模式。制定统一的《电子政务法》，它应该包括一系列相关法律，这些法律共同构成电子政务法律体系。与此同时还需单行立法辅助，做到灵活性和适应性；三是解决冲突性立法工作。在法律体系不完善的时候易出现上位法与下位法、新法与旧法相冲突的情形，要做好新法颁布旧法废止、上位法修改下位法也更新的工作。

（三）完善相关机制

大数据环境下的智慧治理面临的一系列现实缺憾，迫切需要完善相关机制，为国家治理能力提升奠定坚实的制度根基：一是要建立专业领导机制。强化大数据环境下的智慧治理能力建设关键在于领导。当前，要通过培育一支既具备大数据理念又善于把控治理进程的新型领导队伍，使其成为国家治理能力建设中的中坚力量，确保国家治理主体在大数据应用中占据主动地位和引导地位；二是建构治理主体间的数据联通和共享机制。通过利用电子政务系统和互联网建立统一的信息共享平台，协调各部门信息的流通和应用，并依照《政府信息公开条例》等相关要求切实做到信息公开，打破科层制模式下不必要的信息壁垒，为提升治理实效提供帮助；三是建构大数据在国家治理领域的科学"退出"机制。大数据时代的到来给数据安全、个体隐私乃至国家安全敲响了警钟，对此谷歌、微软等国际数据巨头均有相关的限时销毁的承诺，国内机构在进行治理的过程中也可以参照国外相关经验，建立相关的数据退出机制，将不必要的数据进行限时销毁，以确保国家治理过程的大数据应用安全无隐患[01]。

（四）发展信息产业

智慧治理要依托智慧技术，只有智慧技术有了稳固的产业根基，智慧治理才能长成参天大树。新技术对智慧技术产业的发展至关重要。要

01　胡洪彬.大数据时代国家治理能力建设的双重境遇与破解之道[J].社会主义研究，2014（04）：89-95.

千方百计引进、培育和发展新技术、新思想。做好技术引进和消化吸收以及创新型企业的培育工作，一是以政策扶持为先导，重点创新机制。在发展的初期，要用政策优势吸引外来企业投资，创造产业发展环境。产业发展强大之后，重点创新机制，培育和提升产业发展软实力；二是鼓励技术研发，做好专利保护工作。企业一直走在科技创新的前沿，要创造条件促进企业研发与创新，设立科学研究基金，奖励在科技创新方面做出重大贡献的企业，同时还要注重科研成果的保护。

（五）鼓励公民参与

鼓励公民参与，一是要做到政府信息公开，公开公共数据。政府掌握着社会80%的信息，在信息高度发达的互联网时代，在互联网上公开政府信息，便于公众了解政府，培养他们对公共事务的参与热情，发展公民社会。在政府信息中，公共数据作为其中不可忽略的一部分，对于经济社会发展具有重要作用。政府提供公共数据下载渠道能够让政府之外的其他组织和个人充分利用这些数据为社会提供服务；二是要利用现代智能技术创造多种途径鼓励公民参与。微信、微博已经在政务公开和政民互动方面发挥重要作用，据不完全统计，目前中国绝大多数地级市都开通有政务微博，而且门类齐全。按照行业来说，政务微博建设最好的要数公安系统的微博。公安系统微博在"打拐"、市民出行和安全等方面做出了重要贡献。按照地域来说，大城市的政务微博发展较好，像北京市政府新闻办的"北京发布"和上海市政府新闻办的"上海发布"都设有专门的政务微博管理机构负责管理微博上的信息。除了微信、微博之外，政府还应该积极参与到社交媒体的应用大潮中，借助现代智能技术深入群众、深入基层，走群众路线[01]。

---

01 高圆.智慧治理：互联网时代治理方式的新选择[D].[硕士学位论文].吉林大学行政学院，2014.

二、保障措施

（一）加强组织领导

实施政府智慧治理行动关键在于领导，也就是建立专业领导机制。由省级政府办公厅牵头建立跨部门、跨地区的政府智慧治理行动协同推进机制，加强重大问题的研究和协调力度，统筹本地政府智慧治理重点任务的实施。设立政府智慧治理行动办公室，建立首席信息官（CIO）制度；设立省级政府智慧治理专家委员会，为推进政府智慧治理行动提供决策支持。

（二）增强技术支撑能力

由于对现代科技的高度依赖性，因此智慧治理在很大程度上是一项"技术活"。更进一步说，智慧治理模式要想带来政府治理绩效的真正改善，就需要不断升级的信息技术（硬件与软件）的支持。作为近些年来引领科技创新的"先驱"，信息技术已经取得了跨越式的发展，其更新换代的步伐也在不断提升。其中，物联网、云计算与大数据相继成为最具代表性的前沿性信息技术，它们也成为智慧治理的有效工具。智慧治理的推进需要上述三项技术工具的"协作"：大数据要靠物联网来采集获取，对大数据的分析则需要运用云储存、云计算等云技术。具体来看，智慧治理所需的技术支撑体系按照数据价值实现流程，包括数据分析与发现技术、数据组织与管理技术、数据应用与服务技术三部分，每一部分都包含相应的IT技术设施、软件与信息服务。具体的信息化手段则包括"机器学习、统计分析、可视数据分析、时空轨迹分析、社交网络分析、智能图像/视频分析、情感与舆情分析"等。为了推动上述信息技术的进一步发展，为智慧治理的持续推进奠定基础，需要在政府的主导下加快信息化基础设施的建设，例如公共无线网络的搭建、第四代移动通信的普及、政府电子政务网以及各类企业行业专网的建设，以及各种类型的数据中心、云计算平台、智能化处理平台的建设，等等。

着力塑造完整的大数据产业链条是推动政府智慧治理行动的必要支撑。当前，政府的工作重点应当为：一是塑造完整大数据产业链，提供大数据平台技术支撑。尤其是要通过积极推进推动大数据与移动互联网、物联网、云计算的深度融合，强化大数据在政府智慧治理中的应用；二是打通部门之间信息孤岛，实现信息资源共享与融合。例如，贵州省各级政府、各部门能够打通部门之间信息孤岛，实现数据资源协同共享、业务系统的互联互通是关键，其建立"用数据说话、用数据决策、用数据管理、用数据创新"的管理机制，对全省各级政府部门现有数据信息资源进行有效清理和整合优化，加快计量、标准化、检验检测和认证认可等大数据产业质量技术基础建设，推动不同部门和领域间的数据交汇、共享和流通，依托已有电子政务等信息化系统，构建完整、系统、多层次的政务云平台。

（三）加强业务人员和领导干部的培养

面对智慧治理的环境，政府现有的技术手段还只能对数量较小、类别相似、结构成型的信息数据进行分析，尚不能对大数据进行现代意义上的收集、存储、分析以及视觉化的结果呈现，数据分析技术还尚未广泛使用，不为多数工作人员熟悉利用。因此，有必要将政府部门打造为一个学习型组织，对政府工作人员进行大数据思维与技能的培训，使之有能力适应大数据时代新的工作素质要求。

政府智慧治理行动是一项牵涉多部门、多层次的综合工程，大量的规划、决策、组织、协调、建设、运筹和监管工作贯穿于行动的全过程，需要一支多层次、多专业的业务人员和领导干部队伍来承担这一系列的工作。针对政府智慧治理人才专业跨领域广、复合型强、需求量大的特点，探索和推行政府智慧治理业务人员和领导干部培养的模式。一是业务人员的"政校合作"和"订单式"培养。依托高校、科研院所的大数据知识储备力量，通过培养一批既政治作风过硬，又熟谙大数据关键技术的复合型业务人员，并将其选配到政府智慧治理工作岗位上来，形成一支强有力的政府智慧治理的大数据分析队伍；二是领导干部的素质能力培养。各级党校、干部院校将政府智慧治理内容融入教育培训之中，强化领导干部大数据思维，培养大数据战略眼光和领导政府智慧治理的能力。

（四）强化政府信息安全保护

在以互联网为主要信息交换渠道的电子政务，一方面，由于大数据要求数据的集中存储，而数据的集中存储恰恰增加了数据的泄露风险，使得政府具有时效要求或保密要求的信息资料很容易泄露。数据库的泄露将给政府的正常工作带来极大的危害，甚至会对社会带来极大的冲击；另一方面，大数据导致政府治理机构更易遭受网络黑客的恶意攻击，如不断通过恶意代码、网络攻击和垃圾信息等途径危害政府治理机构的信息安全。因此，智慧治理的保障措施之一，就是强化政府信息安全保护，为政府提供全方位的信息资源安全保证。为政府智慧治理行动提供全方位的信息资源安全保障，需运用政府信息安全保护策略和建立安全管理机制。一是实施政府信息安全保护策略。针对网络环境下的政府信息安全保护，需要从信息技术、物理安全区域、信息安全制度、信息安全意识、业务信息交流和法律保护等方面运用政府信息安全策略，达到政府信息安全的全方位保护；二是建立政府信息安全管理机制。建立并完善大数据信息安全体系，并进行规范化建设，形成一套规范的运行机制、建设标准和共享平台。

相关
链接

一、案例介绍

案例1：新加坡打造智慧国[01]

新加坡在采用信息技术、发展电子政务和推动智慧城市建设方面表现突出，大数据技术的应用也走在世界前列。为把新加坡打造成为"智慧国"，政府构建"智慧国平台"，建设覆盖全岛的数据收集、连接、储存和分析的基础设施与操作系统，让各个相关政府部门获得系统收集的数据，以制定更及时和合理的公共政策和公共服务。

（一）大数据与公共交通创新

新加坡的公共交通系统非常善于利用大数据技术，举凡电子道路收费系统、易捷通卡、早鸟免费乘车计划、巴士等候服务标准、的士预召系统、体温红外线监测与的士排队等候、道路步行适宜度等，都可以看到大数据利用的身影。

（二）大数据与公共健康

新加坡的医疗卫生部门在利用大数据方面不遗余力。目前，新加坡基本实现了医疗病例的数字化和共享平台的建立，医生通过身份证号码

---

01 节选自：马亮.大数据技术何以创新公共治理？——新加坡智慧国案例研究[J].电子政务，2015（05）：2-9.

就可以跨部门获得就医者的医疗记录和最近的体检结果，从而为快速诊断提供了可能。另外，政府和企业试点居家保健服务或远程护理服务，特别是对高龄人士和行动不便人士的社区辅助，通过远程诊疗和给药，达到减少通勤和医疗成本。

（三）大数据与社区服务整合

为了加强社区服务整合，2014年新加坡成立了由多个机构组成的社区事务署。社区事务署协调包括陆交管局、公用事业局、国家环境局、国家公园局、建屋发展局、农粮兽医局和警方在内的多个机构，通过加强跨机构合作，简化公众求助程序，使公众反馈的问题得到更快捷和更有效的解决。

（四）大数据与贫困救济

新加坡政府不断努力建立一套数字信息系统，通过多部门打包援助，使处于不同发展阶段的国民都能够得到不同配套方案的援助。可以说，新加坡建立了贫困救助的"千层糕"，通过多条援助线使不同需要的居民受到全方面的立体救助。

（五）大数据与反腐败

新加坡建立了任人唯贤的文官制度，在政治家和公务员的遴选方面，建立了一套行之有效的制度框架。基于这些数据，政府可以追踪每个人的求学和从政经历，并预测其贪腐概率。政府使用大数据和电子采购系统，发现腐败的蛛丝马迹。

案例 2：杭州上城区创建智慧城市 [01]

杭州市上城区地处杭州的中心城区，是典型的城市"老城区"和"小城区"，18.1平方公里区域面积内居住约 36 万常住人口。上城区通过"创网、建台、布点"，初步构筑了一套基于智慧城市的社会治理创新系统。

（一）"创网"，是指创设——"e 家人"四大网群

1. 社区事务治理网

"e 家人"社区事务治理网是上城依托区办公自动化系统及社区事务综合治理系统软件（网络版）而打造的社区"全息型"的信息综合平台。

2. 社区电脑服务网

按标准格式要求所有社区在互联网上建立社区网站，社区网站上有社区介绍、公告、咨询、社区周边服务信息，甚至社区食堂菜谱等内容。

3. 社区电视服务网

这是通过在数字电视上开通"社区是我家"频道，实现电脑服务网与电视服务网的互补。

4. 社区电话服务网

这是上城区以区级"96345"及其衍生品（如呼叫器等）为中心的电话呼叫联动服务系统。

（二）"建台"，是指在四网基础上建立的六大平台

1. 智慧事务治理平台

以"e 家人"社区事务综合治理系统软件搭建起智慧社区事务治理平台，实现信息实时交流，加强了区、街道、社区间的信息共享、业务协同、流程对接，真正实现社会治理信息化。

---

01 节选自：童潇.智慧城市与城市治理现代化——基于杭州上城区的案例分析[J].中共浙江省委党校学报，2014（06）:66-73.

2.智慧网络互动平台

利用电脑服务网和电视服务网,构筑了基于网络的互动平台,使居民不出家门就可知晓社区事,保障社区成员的知情权、参与权、监督权,使居民反映问题、发表意见有了畅通的渠道,使社区能够及时掌握民意,促进了社区决策的民主化和科学化。

3.智慧信息联盟平台

上城区在居民需求与供给之间搭建起一个信息平台,紧扣居民日常生活中吃、住、行、游、购、娱乐等需求,实现各种社会、社区服务资源的有效整合,有效推进了便民性质的社区商业服务。

4.智慧志愿服务平台

上城区利用电脑网和电话网所搭建的"网上时间银行"。银行及时公布区内志愿者名单、服务项目和服务时间,当天的服务需要和能提供的服务供给项目,同时还将志愿者从事服务的时间储存在网站上。此外,志愿者队伍还与"96345"呼叫中心实现联动,居民拨打"96345",呼叫中心就可根据居民需求、服务对象情况和所在地址,联系各街道志愿者治理中心,就近选派志愿者上门提供服务,为居民提供了一个全天候服务平台。

5.智慧养老服务平台

上城区针对不同对象,建立医疗服务信息系统。针对突发病人,及时启用"96345"与社区医疗的联动机制,社区责任医师和"120"急救中心在第一时间上门服务。针对特殊对象,如空巢独居老人、老年优抚对象等,发放话机型呼叫器,为他们提供居家养求助求救服务。针对一般群体,社区医疗机构将所有老人健康档案信息录入社区医疗系统,进行跟踪服务。同时,依托电脑服务网和"e家人"网,组织开发"外网受理、内网治理、外网反馈"的居家养老申请、办理系统,不断提升居家养老的信息技术水平。

6. 智慧城市管理平台

该平台构筑了"大数据、大平台、大智慧"于一体的大城管系统，实现了视频监控、GPS、GIS、巡查、处理、监督等环节的六位一体，建立了城市管理问题快速发现、高效处置的解决机制，在城市应急处理、综合服务等方面发挥了重要作用，通过发现问题环节、处置问题环节、考核评价环节，最终搭建出智慧城管的完整管理闭环。

（三）"布点"，是指构建智慧城市社会治理系统的感知终端

1. 电脑终端

上城将居民自家电脑、一线社工电脑、社区电脑、职能部门电脑进行组合联网，由此可以直接采集到居民信息、社工感知信息、社区信息、职能部门信息，并实现了居民和政府间通过信息联网的互动。

2. 电视终端

上城同时利用作为居民日用的电视，向居民进行社区服务推介，并通过频道器实现居民对服务方面的自主选择。通过电视终端建设，解决了针对一部分不会使用电脑居民的服务和治理工作。

3. 电话终端

上城区将区级"96345"热线与各社区服务热线、区应急救助服务中心、区社区医疗服务热线及便民服务企业实现联动对接，通过电话机、呼叫接入和用户识别，第一时间为广大居民提供了便捷、优质服务。

4. 呼叫器终端

上城开发了放置于居民家中、只要和电话机相连即可使用的呼叫器终端，作为电话终端的衍生品。该终端设备上有安全防范类、生活必需类、公共服务类、品质生活类、商务便利类、综合服务类6大类26个按键。其中安全防范类只有一个红键，只要用户发生紧急情况下就实现紧急求救。而其他键则囊括了家政服务，空调、冰箱、洗衣机等维修，商品配送等社区服务，大大方便了居民生活。

5. 摄像监控终端

摄像监控终端是主要是"e家人"网的延伸终端，用于上城区城管对沿街沿面治理。包括固定监控、智能报警监控、无线车载移动监控、单兵便携移动监控而实现城管的源头治理、及时治理和长效治理。

6. 移动APP终端

2013年上城还在望江街道进行试点，推出了"博慧云社区"移动APP终端系统，在试点基础上向全区做推广。

二、概念解析

（一）大数据

大数据首先是一个技术术语，与传统数据相比具有显著不同的物理特征，也称技术特征。如麦肯锡全球研究员在《大数据：未来创新、竞争、生产力的指向标》的研究报告中指出的："大数据是指数据容量超出传统数据库工具搜索、存储、分析和管理能力范围的数据集。"除从大数据容量之大的角度加以界定外，有的学者从数据潜在价值角度加以分析，"'大数据'之大，不仅仅意味着容量之大，更多的意义在于通过对这些数据的交换、整合和分析，人类可以发现新的知识，创造新的价值，带来大知识、大科技、大利润和大发展"[01]。

此外，有的学者认为大数据不仅仅是一个技术范畴或一项工具，大数据更是一种理念和制度。大数据时代的到来意味着信息社会的发展进入一个全新阶段，也标志着人类信息技术有了质的飞跃，它对当今社会的影响已经扩展到社会各领域，从而也被赋予鲜明的社会属性。

---

01 涂子沛.大数据[M].桂林：广西师范大学出版社，2012：57.

（二）大数据技术属性

大数据在技术属性上，区别于传统数据的最显著特征是数据量大，大到超出以往一切社会数据总量之和，亦超出传统数据截取、分析、储存与显示的能力。除此之外，大数据还具有结构多样化、处理高速化、价值低密度等特征。

（三）大数据社会属性

信息社会中，大数据已经远远超越技术层次，被赋予丰富的社会属性。对大数据社会属性的研究、探索和利用，能够带来大知识、创造大价值。因此，我们在看待大数据时，要建立全面、系统的大数据意识，要看到大数据在创造社会价值、变革行为方式等社会属性的"大"，而不仅仅只是其物理属性的"大"。

（四）大数据的技术路线

从技术角度来说，大数据不是数据的简单罗列和堆积，而是需要对所收集的碎片化、多样化、价值度低的数据进行关联分析，利用数据挖掘、统计分析等分析工具找出可以预测事物发展的规律，可以对现象做出解释的原因，然后以可理解的、交互的方式展现给使用者，为用户提供决策分析支持。

大数据时代的到来,为政府治理体系和能力带来了新挑战,也为推动政府治理模式转型和政府治理能力现代化提供了新途径。大数据时代的政府治理,将是以"开放、分享、平等、协作"的互联网精神为底色,针对传统治理模式的"碎片化"而产生的一种全新的整体性政府治理范式。在大数据时代,政府治理需要利用先进的数据技术,对海量、无序的政府业务数据和公众行为数据进行关联化,达成隐性数据向显性化、静态数据向动态化、海量数据向智能化的转化,实现政府决策、政府管理由事后决策转变为事前预警,将数据转化为政府治理能力提升的信息资源,强化政府决策力、执行力和公共服务能力。与此同时,在大数据政府治理的发展进程中,政府作为治理的主导性主体,需要在弥补大数据立法空白、搭建大数据应用平台等多方面同步开展工作,需要做好顶层设计和制度建构,把政府数据开放共享纳入法治轨道,最大程度地激发社会创造活力,以优良的大数据政府治理环境和氛围,助推社会各行各业的创新发展,为政府治理能力的现代化奠定坚实的制度根基。

第五章

大数据政府治理宏观模式
转型和制度构建

第一节
大数据政府治理的现状

大数据和云计算技术完全契合新形势下政府治理能力现代化的现实需求，可以有效地破解政府转型的困境。目前，我国大数据公共治理建设已经取得初步成效，北京、浙江、上海、广东等经济发达省市的大数据平台建设与数据应用创新实践发展迅速，贵州等自然条件优渥的后发省份也不断抢占大数据发展先机，力图将大数据作为后发赶超、同步小康的时代机遇。

一、大数据政府治理的规划

在一定程度上来说，国家治理体系和治理能力的现代化就是政府治理体系和治理能力的现代化，就是要不断改进政府的公共治理能力，提高政府治理的质量与效率。党的十八届五中全会决定实施"互联网+"行动计划，发展分享经济，实施国家大数据战略[01]。就此而言，做好顶层设计，深入推进大数据政府治理的建设与应用，已成为当前推动政府治理能力现代化的内在需求和必然选择。

---

01 《中国共产党第十八届中央委员会第五次全体会议公报》，http://news.xinhuanet.com/politics/2015 — 10/29/c — 1116983078.htm.

（一）国家层面的政策文件

2014年以来，国务院先后出台了《关于运用大数据加强对市场主体服务和监管的若干意见》《促进大数据发展行动纲要》等纲领性指导文件，国家发改委、国土资源部、农业部等国家部委先后出台了大数据产业创新、市场监管、健康医疗大数据、农业农村大数据等多个领域的文件，通过顶层设计，加速实施国家大数据发展战略。特别是2015年9月颁布的《促进大数据发展行动纲要》，力求运用大数据推动经济发展、促进治理创新、提升政府服务和监管能力，逐步实现政府治理能力现代化。现阶段，大数据已经成为推动经济转型发展的新动力和重塑国家竞争优势的新机遇，对于政府治理主体而言，如何清晰把握大数据时代政府治理的特征和演化规律，构筑科学的政府治理大数据系统是自身占据主动地位、更好地践行为民服务的关键所在。要切实做到这一点，不仅需要中央政府优良的顶层设计，也需要地方各级政府建构科学、全面和有效的大数据发展战略，拧成政府治理的合力，切实推进国家治理能力现代化的建设。

（二）地方政府的发展规划

2012年12月，广东省启动了《广东省实施大数据战略工作方案》，2014年制定了《广东省大数据发展规划（2015-2020年）》。2013年7月，上海颁布了《上海推进大数据研究与发展三年行动计划(2013-2015年)》，2014年2月，贵州省发布《关于加快大数据产业发展应用若干政策的意见》。为贯彻落实国务院出台的《促进大数据发展行动纲要》和国家大数据战略，截止到2017年1月底，我国有37个省市专门出台大数据的发展规划、行动计划和指导意见等文件[01]。信息技术带来的

---

[01] 包含北京、上海、重庆、内蒙古、江苏、浙江、安徽、江西、山东、湖北、广东、广西、海南、贵州、青海、新疆共16个省份；广州、深圳、沈阳、哈尔滨、南京、武汉、郑州、合肥、南宁、兰州、石家庄、呼和浩特、青岛、宁波、盐城、台州、淮南、赣州、东莞、中山、贵安新区共21个城市和新区。数据来源：《2017我国地方政府大数据发展规划分析报告》。

机遇稍纵即逝，各地政府闻风而动，抓紧谋划，争抢机遇，纷纷试水大数据在政府公共服务中的运用，并加快推动政府治理的创新。整体来看，各地政府依据自身实际情况，形成了以下三种发展规划：一是引领型，以北京、广东、江苏为代表。这三地凭借强大的经济、科技与人力资源实力，在关键技术、先进产品、产业生态体系构建方面，制定了明确的发展目标，比如江苏提出的"争创全国领先、特色明显的国家大数据综合实验区"；二是落实型，以苏州、南宁为代表，这些地区强化大数据工作落实力度，从国内外大数据发展背景、本地现状与基础、行业应用、产业生态打造等方面，提出了详细深入的发展规划。比如南宁对大数据产业的发展模式、商业模式以及相关重大工程给出了详细说明；三是追赶型。其他大部分省份和城市重点采取跟随策略，根据《促进大数据发展行动纲要》中提出的要求，逐一进行落实。

二、大数据政府治理发展成效

2012年，陕西西咸新区在规划中提出建设大数据产业园，在全国率先举起大数据产业发展旗帜。2012年12月，广东省宣布在全国率先启动大数据战略。2013年5月，重庆宣布实施大数据"1+4"战略。2013年7月，上海颁布了《上海推进大数据研究与发展三年行动计划（2013-2015年）》，突出企业创新主体地位，建设6个以上行业大数据公共服务平台，支持6类以上大数据商业应用系统的研制，培育一批带动本地数据产业发展的行业龙头企业，探索"数据、平台、应用、终端"四位一体的新型"大数据创新"商业模式，2014年5月，上海率先在国内开通"上海政府数据服务网"，启动了政府数据资源向社会开放的试点工作。2012年北京成立"中关村大数据产业联盟"，2014年12月，北京大数据交易服务平台正式上线运行，平台致力于为政府机构、科研单位、企业乃至个人提供大数据"交易服务"，盘活数据资产，实现数据资源的有效利用。2014年2月，贵州省发布《关于加快大数据产业发展应用若干政策的意见》，推动大数据产业成为全省经济社会发展的新引擎。2014年7月起，在联通、阿里巴巴、中软、浪潮等企业的支持下，贵州启动"云上贵州"系统平台建设，这是全国第一个实现省级政府、企业和事业单位数据整合管理和互通共享的云服务平台。2017年4月，贵阳市公布《贵阳市政府数据共享开放条例》，这是全国首部政府数据共享开放地方性法规，也是我国首部设区的市关于大数据方面的地方性法规。2017年，广东省在疾病防治、灾害预防、社会保障、电子政务等领域的大数据应用示范成效明显，实现一批大规模商业化应用，有效推动产业转型升级和生产方式转变，基本建成全省政务大数据库、经济管理大数据库、社会管理大数据库，突破一批大数据关键技术，建成政务、空间地理与环境、人力资源社会保障、医疗健康等领域单一数据集。

越来越多的地方政府陆续响应国家大数据发展战略，纷纷投身大数据发展浪潮，开始重视并利用大数据技术提升政府治理能力和水平，概而言之，地方政府的措施主要有以下几个方面：一是成立大数据管理组织。自2014年以来共有17个省市成立了大数据管理机构，整合省市各级资源、统筹推进大数据相关工作、引导本地大数据产业发展，广东、贵州两省的机构数量高居前列（见表5-1）；二是加速数据中心整合进程。绝大多数省市提出统筹建设政府、行业数据中心，希望通过加快构建数据中心和产业服务平台集群，推进政府各部门基础设施共建共享、互联互通，引导本地数据中心优化布局，推进数据中心向规模化、特色化、集约化、绿色化发展；三是加速数据共享、开放和流通。《促进大数据发展行动纲要》中明确提出到2018年底前，建成国家政府数据统一开放平台，到2020年底前，逐步实现信用、交通、医疗、卫生、就业、社保、地理、文化、科技、环境、金融、企业登记监管等民生保障服务相关领域的政府数据集向社会开放。地方政府在加速数据共享、开放和流通上的主要举措有数据共享开放平台的建设，数据资源目录体系、开放共享清单的建立，基础信息资源库、大数据交易中心的创立，数据采集、存储和利用等标准规范的创建，数据资源共享开放绩效评估机制的创设；四是推进大数据在公共服务中的应用。随着经济发展水平的提高，以及老龄化社会加速来临，各省市在文件中明确提出了健康医疗、交通旅游、文化教育和社会保障等领域的大数据应用，以全面提升公共服务的水平。

表 5-1：地方政府大数据管理机构一览表

省 份	机 构	成立时间
广东省	广东省大数据管理局	2014 年 2 月
	惠州市大数据管理科	2014 年 4 月
	佛山市南海区数据统筹局	2014 年 6 月
	东莞市大数据管理科	2014 年 7 月
	广州市大数据管理局	2015 年 5 月
贵州省	贵州省大数据发展管理局	2015 年 10 月
	贵阳市大数据发展管理委员会	2015 年 12 月
	贵阳高新区大数据发展办公室	2016 年 11 月
甘肃省	兰州市大数据社会服务管理局	2015 年 9 月
	兰州新区大数据管理局筹备办公室	2016 年 4 月
辽宁省	沈阳市大数据管理局	2015 年 6 月
四川省	成都市大数据管理局	2015 年 9 月
浙江省	浙江省数据管理中心	2015 年 10 月
湖北省	黄石市大数据管理局	2015 年 11 月
云南省	保山市大数据管理局	2015 年 11 月
陕西省	咸阳市大数据管理局	2016 年 7 月
宁夏回族自治区	银川市大数据管理服务局	2016 年 11 月

第二节
大数据政府治理的宏观模式转型

技术是政府治理的要素之一，技术变革是政府治理现代化的重要推动力量。大数据这一颠覆性的信息革命，正在悄无声息地重塑着我国的国家治理生态[01]。大数据时代的信息技术倒逼政府主动从治理模式和内容上革新思维，推动治理机制的创新，不断提升政府治理的水平。大数据时代的政府治理是针对传统治理模式的"碎片化"而产生的一种全新的整体性政府治理范式，政府治理需要利用先进的数据技术对海量、无序的政府业务数据和公众行为数据进行关联化，达成隐性数据向显性化、静态数据向动态化、海量数据向智能化的转化。在此基础上，加深大数据在网络反腐、舆情监控等公共领域的应用，实现政府决策、政府管理由事后决策转变为事前预警，将数据转化为政府治理能力提升的信息资源，强化政府决策力、执行力和公共服务能力。

一、培育大数据思维和理念，推进政府治理文化转型

理念是行动的先导，文化是主体的灵魂。政府的大数据理念和治理文化奠定了政府结构的原则基础，规范着政府主体行为的价值准则，以

---

[01] 郭建锦，郭建平.大数据背景下的国家治理能力建设研究[J].中国行政管理，2015（06）.

及政府在治理活动中所表现出来的行为作风。大数据对政府治理能力建设的影响，首先体现在思想观念的革新、传统政府治理文化的转型和大数据政府治理文化的培育。

（一）大数据思维和理念的普及

大数据思维作为一种全新的信息意识，其特点是强调分析与某事物相关的总体数据，其所倡导的思维模式，要求治理主体降低在有限信息条件下对信息确定性和精确性的追求，强调通过大规模的数据而不是样本获得知识和价值。因此，大数据政府治理的转型，首要是传统思维模式的变革，利用高效便捷的信息技术收集全面完整的数据，重视相关关系，着重对现象之间显著相关性的分解，创造更大的经济或社会效益[01]。

首先，各级政府是国家治理的重要责任主体，大数据政府治理的模式转型，很大程度上取决于各级政府机构及其主政者的观念和态度。当前，应以大数据发展为时代契机，积极推进对政府机构及其主政者大数据意识的普及，在不断推进政府信息公开工作的过程中盘活各类有价值的数据资源，建立起用数据说话、用数据管理、用数据决策、用数据创新的大数据理念，并将数据文化应用于政府治理过程，使政府治理的主要依据向分析和处理数据的结果转变，实现公共政策制定与大数据的有效融合，形成以数据为支撑的国家和地方治理决策导向。

其次，大数据时代的政府治理还需要引导和鼓励社会多元主体的共同参与，特别是在数据挖掘和分析过程中逐步吸纳、汇聚和整合相关专业领域的社会资源，共同推进政府治理模式的转型，形成大数据时代的治理合力。因此，大数据政府治理还需要不断提升参与主体的大数据观念和信息素养水平，做好对参与主体和人民群众的大数据观念、信息素

---

01 [英]维克托·麦克·舍恩伯格，肯尼斯·库耶克.大数据时代：生活、工作与思维的大变革[M].浙江人民出版社，2013.

养的教育和宣传工作，促进其在大数据意识、信息数据评价能力和信息道德水平等方面得到整体提升，共同推进大数据政府治理模式的转型。

（二）以大数据重塑着政府治理文化

大数据理念和思维的普及，重塑着政府治理文化的价值理念，推动着政府治理文化的成功转型。大数据的发展，促使政府治理由管制性思维和传统单向度管理，向更加科学、民主、尊重民意、法治德治并举的治理模式转变，由简单以 GDP 论英雄的绩效考评模式向着学习型、服务型、创新型政府建设的理性追求升华。可以说，大数据发展与政府治理文化相互促进、互为动力、共筑共识，这种共识以人与社会的全面发展为中心，重视人力资本、可持续发展和社会责任感公益心，将政府治理绩效建立在一种更高的道德层面上，不断提升政府治理理念和行为的文化自觉，切实增强大数据政府治理的品质。

二、利用大数据的共享特性，推进政府治理流程重塑

大数据政府治理，将打破政府部门既有的地域、层级和条块分割的限制，为政府治理流程的重组和优化提供全新的技术支撑和基础平台，使得完备、全面、无边界的整体性治理成为可能。科学民主法治的决策程序、开放共享包容的治理环境，使得大数据技术能够有效整合孤立、分散的政务服务资源，打造集中、协作、高效的政府治理能力，构建方便快捷、公平普惠、优质高效的政务服务体系。

（一）协同多方力量的综合机制

在大数据政府治理格局中，不仅涉及到政府主体单方面的公开透明，更重要的是信息共享过程中进一步发挥社会团体、专业组织和公众的智慧价值，以达成政府主导下的社会团体、行业组织和公民主体的广泛参

与和协同合作。

协同治理所促成的广泛参与度、多角度的分析和审视，将使更多的问题被发现、更多的细节被完善、更好的方案被制定。要充分发挥好协同多方力量的综合机制，需要从以下三个方面做出努力：一是明确网络有害信息的范围，压缩范围判定的灰色空间，为治理主体的自律、自治提供精确、统一依据。二是政府应颁布自律规范指南等政策文件，进一步整合行业组织的力量，为其联动、缔约、自裁等，提供资金支持、技术指导。三是加强大数据企业和行业组织的组织架构和工作能力建设，让其逐步成长为大数据产业发展核心管理制度的实际承担者和推动者。大数据的驱动下多方的协作，以大数据资源为依托，整合动员社会各个阶层、各类组织和各种团队的力量，共同参与政府治理，形成政府主导、部门联动、企业支持、社会参与的多元协同治理新格局，以有效应对复杂多变的社会环境。

（二）开放共享包容的治理环境

大数据政府的治理环境，将参与治理的主体和社会公众的行为信息，通过各式各样的信息化技术呈现在大数据平台之上、公共视野之下。在大数据技术的推动下，信息不对称的问题得到了解决，政府、各参与治理的主体和公民主体的行为方式也将产生关键性的改变，这必将推动政府与各参与治理的主体和公民主体之间良性互动机制的构建。就此而言，大数据政府治理，是一个信息共享、公开透明、互动包容的治理。

1. 共享性

所谓共享，就是以互联网技术为平台、依靠大数据云计算、整合现有相关数据信息，实现政府监管与服务信息的互联互通、数据共享。现阶段，在政府的信息化和数据共享开放建设过程中，还普遍存在"信息孤岛""信息盲区"等现象，各业务系统之间缺乏统一的规划和标准，彼此之间还未能实现数据信息的互联互通。随着大数据技术的迅猛发展，

"信息孤岛"现象将大幅消减，政府各个部门、参与治理的各个主体和公众之间，信息资源共享也成为可能，这导致政府治理的环境及其模式也将随之发生极大改变。大数据时代，政府治理的主要特点，就是政府组织的权力体系从中心化向网状分布式转变；政府组织的规模从不断扩大到逐步缩小；政府组织的人员个体将趋于专家化。共享性的协同治理，成为大数据政府治理的新模式之一，政府业务协同管理也将成为可能[01]。

2. 开放性

开放是互联网与生俱来的显著特性，因此，开放性也是以互联网为基础的大数据自然属性。所谓开放，就是指"有一些引导社会经济发展的数据，不涉及国家机密的，都应该向公众开放，以方便大家使用"[02]。所以说，大数据政府治理的过程中，数据与信息的开放将政府的各种政务行为置于阳光下运行，这不仅会倒逼政府数据发布的真实性和规范性，还会增加政府决策的透明度和科学性，这在很大程度上降低了政府与公众之间信息的不对称程度。数据与信息的开放，使得各个治理参与主体和社会公众能够自由地获取大量的信息和专业知识，公众对于信息的充分掌握在很大程度上也唤醒了公众的权利意识，这也倒逼着政府决策的开放性和透明性。

3. 包容性

大数据政府治理的包容性，基于社会利益的多元化、利益表达主体的自主化。公共利益不是各方面利益的简单叠加，而是国家、社会、群体、个体在协商、交流基础之上达成的利益共识与均衡。因此，包容性的治理环境，要求对政府部门之间、政府与社会之间、政府与公众之间的关系进行重新整合，在政府与社会、公众之间构建一种新型的合作关

01　阿里研究院."互联网+"未来空间无限[M].人民出版社，2015：149-151.

02　杨芳.李克强"大数据词典"：共享、开放、安全[J].http://politcs.people.com.cn/n/2015/0820/cloo1－27490984.html.

系，依靠政府机构间及公私部门间的协调与整合，打造一个具有包容性的治理环境。大数据时代给各种利益群体带来表达诉求、整合利益、相互回应的跨时空的渠道和平台，传统的各主体间单向沟通向多元主体间的即时性、交互式沟通转型，为全面、客观的公共利益和治理决策提供了精准的信息分析基础。

三、做好大数据的实际运用，推进政府治理效能提升

大数据时代的政府治理，将是以"开放、分享、平等、协作"的互联网精神为底色，针对传统治理模式的"碎片化"而产生的一种全新的整体性政府治理范式。在大数据时代，政府治理需要利用先进的数据技术对海量、无序的政府业务数据和公众行为数据进行关联化，达成隐性数据向显性化、静态数据向动态化、海量数据向智能化的转化。在此基础上，政府需要加深大数据在网络反腐、舆情监控等公共领域的应用，将数据转化为政府治理能力提升的信息资源，强化政府决策力、执行力和公共服务能力。

（一）打造数据监管的政府

腐败被视为社会肌体中的"政治之癌"，是对公共权力的扭曲和异化。孟德斯鸠说过："一切有权力的人都容易滥用权力，这是万古不易的一条经验。有权力的人们使用权力一直到遇有界限的地方才休止。"[01] 大数据运用于政府治理中的一个重要变革，就是深入推进政府监管体制的改革与创新。政府监管的内容，涉及政府本身行为的监督，也包括对市场秩序规范的监管，对社会民情的掌握。

就政府监督而言，有效的权力监督必须是全程化的监督，即从权力

---

01 [法]孟德斯鸠.论法的精神：上册[M].商务印书馆，1961：154.

的授予、运行到责任追究等一系列过程，都纳入监督的网络之中。政府的权力清单、责任清单、负面清单、办事流程逐一公示，大数据技术能够有效衔接权力运行的各个环节，消除权力监管缝隙，实现全程化的权力监督[01]，让"权力在阳光下运行"，打造制约权力的"数据铁笼"。同时，移动互联网技术拓宽了公众监督政府的方式和渠道，让公权力的运行不仅在阳光下，还在众目睽睽之下。党的十八大以来的反腐效果显示，互联网技术和即时通讯工具在反腐大潮中扮演着重要的角色，倒逼着政府和公职人员有权不能任性。此外，通过大数据技术还可以从市场、社会、公众所反馈的信息来呈现政府部门效能的真实状况，以此为基础开展科学客观的考评工作。

（二）优化公共服务的体验

大数据政府治理的内涵更加突出公共服务的理念，强调利用大数据切实提升公共服务领域的能力和水平，为社会和公众提供高质量、高满意、高效率、低成本的公共服务。政府在人口、教育、治安、就业、交通、社保、卫生、工商、税收、民政等方面拥有巨大的数据优势，大数据技术不仅可以通过对这些数据的挖掘处理，准确预测到公众和企业的服务需求，而且有利于政府对公众的多元化、个性化的利益需求进行精准定位和细化分析，提供以需求为导向的精准公共服务。同时，还有利于政府转变传统模式下分门别类、碎片化的公共服务供给，通过联动市场和社会的力量，将就业、医疗、卫生、社保等公共服务内容整合到一起，建立政务民生服务综合平台，打造"一站式""一窗口""一条龙服务"的公共服务大厅，推进公共服务线上线下一体化，按照"集中建设、统一门户"的原则和"统一用户管理、统一消息管理、统一用户体验管理"的要求，创新公共服

---

01 黄冬哲.大数据在构建新型权力监督模式中的应用探究[J].决策探索（下半月），2016（10）：33－34.

务供给模式，将各级各部门的政务民生服务应用进行移动化和标准化改造，实现统一汇聚、统一对外推广和提供服务。登录一个平台，就能办所有的事，公众足不出户就可以了解所需要的各种公共服务信息和相关数据，让政务民生服务更加符合公众需求，使得群众能够体验到大数据发展的获得感，在提高服务质量和公众满意度的同时降低公共服务成本。

大数据时代，体验经济和分享经济已经成为主流。政府以及其他主体也要学习电商普及的用户体验和用户需求理念，以服务为重点，寓管理于服务中。大数据的开放性和共享性特征，能激发全社会的智慧和创意，释放政府信息的附加值。通过大数据技术，政府、公众、企业和其他社会机构的共同参与能够构建起一个全新的公共治理结构与公共服务体系，使得公众能够参与到公共产品的设计、生产、供给等全过程，推动政府提供更具个性化的公共服务；同时，大数据平台也是政府和各个治理主体更为深入和广泛了解社情民意的窗口。所以说，大数据时代，政府治理必须依托互联网、物联网以及宽带移动通信技术，按照"信息化、数据化、自流程化、融合化"的技术路径，围绕系统、依法、综合、源头治理的要求，革新服务形式、优化服务流程、提高服务手段，提升公共服务供给的主动性机遇。

（三）提升政府治理的效能

大数据具有的开放、共享、合作、创新等特征，为政府治理模式的转型，即由政府一元主导向政府主导下的多中心协同治理转变提供了技术支撑。在大数据政府治理的背景下，"互联网＋"、云计算、移动互联网等信息技术，以及微信微博等网络媒体推动着政府既有结构的重组与流程再造，封闭、静态的"金字塔"模式开始向着开放、动态的"扁平化"模式转变。大数据政府治理体系，不仅要充分调动市场、社会等治理主体以及公众参与的积极性，更需要政府是一个权威集中、职责明晰、运转高效的主导性主体。

1. 集中的权威

大数据政府治理，将打破政府地域、层级的限制，消弭政府部门和业务系统间的条块分割鸿沟，为政府业务流程的重组和优化提供全新的平台，使得更完备、全面、无边界的整体性治理成为可能。大数据时代，政府不再是身兼"裁判员"和"运动员"的一元治理主体，而是众多治理主体中的一个主导单元。政府既是公权力的行使者，又是信息数据的重要生产、收集、使用和发布者，政府在规则制定、收集舆情、挖掘诉求、引导需求、疏导民意、发布信息和决策方面起着不可替代的作用。多元主体间的协同离不开政府引导，政府必须充分发挥其主导作用，在社会治理进程中，政府的引导、监管与组织协调是必需的。因此，政府这个掌舵者的角色，需要独立而集中的领导权威，这是统筹信息基础设施规划和建设、保障信息数据安全和大数据产业有序发展的根本保障。

2. 高效的治理

大数据政府治理，其高效性体现在信息的收集、处理和运用上。大数据政府治理的决策，以"基于实证的事实"为基础，不再依靠个人有限的思维和经验作为判断的依据，在很大程度上规避了决策过程中的主观性和随意性；大数据的规模性、全面性和循数性，使得政府治理不再需要通过抽取部分样本来接近真实结果，而是直接获取全面的数据样本来发现事实的必然性，大大降低了治理决策、行为和结果的不确定性；通过对大量数据的收集、整理、分析，以及通过云技术探寻数据间的相关性，相比于基于现有条件的因果关系来推演未来的思维方式，大数据的相关性分析更能让人发现事物之间难以察觉的关联性，更有利于发现新的角度和方案。总体而言，大数据可以把人和事物都纳入在线管理与服务，同时，数据的实时更新，为及时地掌握政府治理相关数据的变动情况和变动趋势提供了技术条件。在大数据政府治理过程中，各个参与主体可以及时掌握政府治理相关数据的变动情况和变动趋势，通过这些数据信息做出合理的预测，进而做出合乎理性的决策和行为，全面提高政府的治理效能。

第三节 大数据政府治理的制度构建

大数据政府治理从传统转向现代的转型，有赖于一系列具体的配套制度支撑，方能得以落实，这些制度涉及大数据政策顶层设计、规范数据共享机制、构建数据管理制度体系。

一、做好大数据政策顶层设计，统筹政府治理能力

政府作为主导性的治理主体，应将大数据上升到战略层面，深入研究国家在大数据应用方面的政策与指导意见，围绕政务应用领域需求做好大数据应用与产业发展的地方战略规划、行动计划，破除利益固化藩篱、体制机制障碍，明确大数据政府治理的发展目标、策略、布局、重点任务和保障措施。

（一）设立领导机构

强化大数据环境下政府治理能力建设的关键在于领导，就现阶段而言，首要是建立专业领导机制，培育一支既即具备大数据理念又善于把控治理进程的高素质干部队伍，以共享发展的治理理念与共识，推动包容式增长，确保政府作为重要治理主体在大数据应用与发展中的主动性和引导地位。

（二）建立统筹机制

大数据政府治理进程中，统筹好政府数据平台和资源建设至关重要。这需要加强各层级政府之间的协调，按照国家大数据标准化体系，科学调整组织结构、创新治理模式、优化治理流程，明确政府部门开展大数据政府治理的权、责、利，强化政府对数据资源及其开放进程的管理。通过科学、系统的论证，统筹考虑，整合正在进行的电子政务、办公自动化、智慧城市、智慧交通、智慧公安、云计算、物联网等前期建设，制定出统一的长期规划设计方案，分步分期实施，积极扎实推进，避免一哄而上、随意改变的短期行为，以公共信息互联互通、共享共用的数据平台为基础，打造多方参与的治理格局。

（三）规划制度体系

在大数据政府治理进程中，制度体系的规划与保障必不可少。政府需要组织大数据方面的专家团队编制大数据战略发展规划、做好大数据政府治理的顶层设计、完善政策法规体系和应用规则，特别是要明确政府数据共享与开放的内容、机制、程序、途径，逐步完善非涉密信息开放机制。从制度层面连接和整合政府各部门、各层级之间的"信息孤岛"，建立统一的元数据标准，协调数据的开放与利用，按照轻重缓急，分阶段、有步骤地建立大数据云服务体系，进而加强大数据政府治理的全面感知能力和预判能力。

二、规范数据共享机制，发挥大数据政府治理效能

政府积极主动地公开数据和信息，是大数据时代多元主体能够参与合作治理的前提。近年来，政府在公开数据和信息方面虽然取得了显著成效，但与实现政府治理的要求仍有一定差距。因此，利用好大数据平台和技术，建构治理主体间的数据共享和开放机制，对于提升数据信息

供给能力与推进"简政放权、放管结合、优化服务"改革、增添引领经济社会发展新动能与推动产业转型、提高民生保障水平、满足多样化民生需求等方面的能力具有十分重要的意义。

（一）建立数据共享平台，开放政府信息资源

在大数据时代，政府数据共享平台是一个依靠互联网、大数据和云计算等技术建成的信息资源共享交换体系平台，平台由政府数据资源目录、基础数据库、政府业务专题库、政府数据共享系统等组成，是政府数据"汇聚、融通、应用"的云计算和大数据基础设施平台，由政府统一门户、各类政务应用系统和数据采集平台共同构成，面向政府部门、企业、社会和公众提供数据服务。

政府数据共享平台建设的要求，是以"集中建设、统一门户"和"统一用户管理、统一消息管理、统一用户体验管理"为原则，创新公共服务供给模式，将各级各部门的政务民生服务应用进行数字化、移动化和标准化改造，实现统一汇聚、统一对外推广和提供服务。通过实时互动，广泛征集群众的政务民生服务需求，不断完善平台的底层功能，让数据共享利用、政务民生服务更加符合公众体验需求，让公众登录一个平台，就能分享到全部公开的数据信息，办理已经上线服务的公共服务事项，不断迭代更多符合用户体验需求的服务。

政府数据共享平台建设的标准，是以部门业务信息为基础，从标准、流程、数据三个方面进行设计，协调各层级和部门之间信息的流通和应用，建立起联系紧密、高效快捷的协同工作机制，打破科层制模式下的信息壁垒，实现业务的协同、资源的聚合和数据的共享。建立起"物理分散、逻辑集中"的公共数据中心，通过数据集中挖掘，提高数据利用率，打造"一站式服务"的智慧平台，覆盖政府所有的数据资源、权力事项和服务内容，提高各级政府行政管理效率和公共服务水平，真正实现"让数据多跑路、让群众少跑腿"，切实做到让数据共享提升治理实效。

（二）推进标准体系建设，保障数据共享质量

大数据政府治理的成败，关键是数据质量是否有效可靠。没有高质量的真实数据，任何数据汇聚和分析都没有实际价值。政府作为主导性治理主体，应加快推进政府、事业单位等部门的数据标准规范体系建设，在政府各个职能部门之间推进信息安全认证技术标准，如电子签名、数码以及网络认证技术等的实践应用，规范公共机构在数据采集、数据存储、数据分类、数据安全管理以及数据交易等关键步骤的行为与标准。

为了保证数据共享平台数据质量可靠，政府需制定与政府内部数据资源统一的数据质量测量统一标准和管理制度，构建一体化数据质量管理体系，实现"领域、行业、部门、主题、服务"等主题数据分类方式，完成政府部门拥有的社会服务管理数据、公共生活数据、业务数据，以及气象、统计、地理等专业数据的分类，全面覆盖交通、卫生等领域，以及金融、教育、房地产等行业类别，提升数据检索、定位、发现的便捷性与精准性。同时，提供 XLS、JSON、XML、CSV 等多种机读格式、可视化数据图谱展示等创新性数据服务形态，以实现数据的深度关联开放。制定完善质量管理流程、全面清理政府数据，对各级行政机关共享、开放政府数据的边界范围、分类、采集、汇聚、共享、开放的程序、方式及其他要求进行细化和规范，整合政务外网和互联网上的政府可开放数据资源，从制度层面保证数据的质量，打通政府数据需求侧和供给侧，进一步扩大数据开放的广度、深度和价值密度。

（三）打造共享开放无障碍机制，促进数据共享落地

大数据政府治理过程中数据共享的目的是使数据资源得到充分利用，使蕴含在数据信息中的经济社会价值得到充分释放，切实提升政府治理效能，施惠于企业，方便于公众。要保障政府部门开放数据的积极性，提高政府的公信力和满意度，就需要完善数据共享和开放工作细则，让政府数据共享开放后真正被利用起来。

在政府数据共享开放中，政府数据按照"谁主管，谁提供，谁负责"的原则，数据提供部门应及时维护和更新数据，保障数据的完整性、准确性、时效性和可用性，确保所提供的共享数据与本部门所掌握数据的一致性。提供部门在向使用者提供共享数据时，应明确数据的共享范围和使用用途，原则上通过政府数据共享交换平台提供。凡属于政府数据共享开放平台可以获取的数据，主管部门原则上不得要求自然人、法人或其他组织重复提交。按照"谁经手，谁使用，谁负责"的原则，使用者应依法依规使用共享开放数据，属于无条件共享开放类的数据资源，使用者在共享开放平台上直接获取。属于有条件共享类的数据资源，使用单位通过共享交换平台向提供部门提出申请，提供部门应当自申请之日起在规定的期限内反馈意见并说明理由，同意共享的及时共享或者向使用单位提供；政府数据提供机关不同意开放政府数据的，要说明理由，并限时答复。除了不同意开放要说明理由外，还应规定对政府数据提供机关的答复有异议的，可以向大数据行政主管部门提出复核申请，大数据行政主管部门应当限时反馈复核结果。

此外，还应将政府数据共享开放工作、经费、目标考核纳入法制化管理。对政府数据共享开放考核评估的责任主体、对象、内容、方式、程序、考核评估结果运用等进行细化和规范，明确政府数据共享开放的目标、原则、管理体系，确保政府数据共享开放顺利、可持续的推进。对各级各部门的相应职责进行具体规定和明确，利于推动各级各部门在政府数据开放共享工作中各司其职、齐抓共管、形成合力，强化政府部门共享开放数据的积极性，推动数据共享开放的可持续发展和服务型政府的建设。

三、构建数据管理制度体系，推进大数据政府治理规范化

在兼顾安全与自由的大数据时代，随着治理行为的程序、方式和结

果更多地暴露在阳光下，公民更容易对政府和各个治理主体在运作链条上各项决策的合法性、正当性产生怀疑，这就要求政府和各个治理主体在每个工作环节都经得起质疑和考验。因此，为实现政府治理进程中数据信息的有效应用、信息安全和公众参与，要及时进行大数据政府治理的建章立制工作，着力推进大数据政府治理的法治化进程。

（一）建立数据市场化应用机制，调动社会各方的参与积极性

大数据时代，仅仅以行政命令来推动信息资源共享与利用的传统模式已经不能适应现实要求，不能充分调动起社会各方的参与积极性，还有可能会导致政府信息化建设的"信息孤岛"效应[01]。因此，完善信息资源市场，界定信息产权，明确信息的所有权、使用权和收益权的规定，发挥市场在信息资源优化配置方面的基础性作用，是破解政府在推进数据共享和治理进程中面临困局的重要举措。

1. 引入市场化交易机制

引导建立规范的数据交易市场试点，健全数据资源交易与价格机制，规范数据交易行为，倡导有偿购买、授权和协同合作等方式利用好信息资源[02]。从政府购买服务、专项扶持和应用竞赛的层面来推动市场发展，并鼓励和支持公民、法人和其他组织利用政府数据创新产品、技术和服务，引导基础好、有实力的企业利用政府数据进行示范应用，带动各类社会力量对包括政府数据在内的数据资源进行增值开发利用。

2. 鼓励社会广泛参与

鼓励民间资本利用政府信息资源进行开发利用与整合，促进公共部门信息的再利用，提升政府信息的价值，实现政府信息的增值。由政府引导，企业、高校、研究机构协作，组成信息化重点项目团队，开展信

---

01 李宇.电子政务信息整合与共享的制约因素及对策研究[J].中国行政管理，2009（04）.

02 黄长清.论大数据时代政务数据的创新应用[J].电子政务，2013（09）.

息资源的多渠道综合开发和高效利用，形成政府主导、市场支撑、广大群众参与的政府信息资源运作模式，实现社会各方主体的积极参与和利益共享[01]。

（二）构建安全与隐私保护制度，维护政府治理数据安全

政府数据信息资源是国家战略性资源，数据的共享与利用，不仅会带来前所未有的效益，也会带来新的风险与挑战。数据真实性、完整性、可靠性和保密性的保证，涉及国家安全、企业运营数据、客户信息、个人隐私等信息的保护，需要我们在追求"数据效益"的同时注重"数据安全"，形成保护国家安全、商业秘密和个人隐私信息的法律支持和机制保障。

1. 个人隐私保护

大数据会涉及到个人隐私与敏感性的信息，关于个人的信息来源广、传播快，加之保密技术不完善，可能使得公民个体处于"全景监狱"的危险之中。因此，界定个人信息采集的范围和方式，划清各种数据权利的边界，监管个人信息的存储与应用，这些问题的解决单纯通过技术手段限制是极其困难的。维护大数据安全与个人隐私保护，既需要技术的支持，也需要相关个人信息保护政策、法律法规的建立和完善。针对基础数据中涉及到的个人隐私信息，不仅要进行技术上的特殊处理，对隐私信息的储存、读取和使用实行多重保护，还需要将个人信息保护纳入政府公共信息资源管理的保护和规划范畴，以政策法规明确个人隐私的保护内容、级别要求和责任主体。

2. 涉密数据安全

涉密数据的安全，需要从数据存储、应用和管理过程中加以应对，

---

01 蔡立辉. 应用信息技术促进政府管理创新 [J]. 中国人民大学学报（哲学社会科学版），2006（04）.

从源头防止数据泄漏，加强对敏感和要害数据的监管。应完善关于网络数据安全和信息系统安全保护的相关立法工作，加快推动出台基础信息网络和互联网行业的法律法规，建立并完善大数据信息安全体系；进行规范化建设，形成一套规范的运行机制，进一步完善对公共数据、涉密数据、隐私数据等数据类型的分类，建设标准和共享平台。同时，对于购买公共数据进行大数据应用，政府也要提供相应法律支撑和规范管理，从政策、法律法规层面规定政府或企业可以对已掌握的政府数据的使用程度，即政府或企业可以利用数据做什么和禁止做什么，在风险可控的前提下最大程度地开放数据，服务于社会与公众。

3. 数据退出机制

大数据给信息安全、个体隐私乃至国家安全带来了风险与挑战，对此谷歌、微软等国际数据巨头均有相关的限时销毁承诺。大数据政府治理进程中，也可以参照国外相关经验，建立相关的数据退出机制，将不必要的数据进行限时销毁，以确保治理过程的大数据应用安全无隐患，实现"数据效益"与"数据安全"的平衡，在推动数据共享与利用，充分挖掘数据的经济、社会和公共决策价值的同时，严守"数据安全"红线，形成保护国家安全、商业秘密和个人隐私的机制保障和法律支持。

此外，对于政府数据共享开放平台管理、政府数据共享开放安全管理、政府数据共享开放过程中部门与公众互动、政府数据共享开放保密审查、政府数据安全应急预案等方面需要的配套制度，可以先试先行，以文件形式出台试行，待试行一段时间后，根据实践情况和实际需求需要制定规章的，再提请列入立法计划实施。

（三）创立大数据协同治理规范，推进政府治理民主性

随着现代信息技术的发展，利用互联网、大数据、云计算和人工智能实现"人人互联，物物互联"，并搭建能够共享资源、信息、机会的平台，让每个人处于平等地位，推动了政府治理的去治理主体单一化，实现了政府治理的扁平化。因此，推进大数据政府治理，需要以法律规章和制度体系规范多方参与的协同治理方式，以适应日益复杂多变的经济社会环境。

1. 规范多元协同的治理主体

大数据政府治理，是政府主导下，社会、企业和公众等多元利益主体参与的共治体系。因此，需要以大数据资源为依托，针对新形势下社会发展情况，制定大数据政府治理参与的制度规范，为整合动员社会、企业和公众等各个主体的力量，共同参与政府治理提供制度性保障。大数据政府治理参与的制度规范，要从治理主体多元化、协作化的内在要求出发，重新定位政府在大数据治理体系中的职能边界，积极探索和建立政府与社会之间、政府与企业之间的新型合作通道和机制，努力发挥社会和公众的参与作用，构建政府主导、部门联动、企业支持、社会参与的新型治理格局。

2. 规范网络协同的线上线下模式

相较社会参与的传统模式，大数据时代的每个社会成员都可以通过多种方式和渠道，随时随地地就国家和地方的政策制定和执行表达自己的观点和利益诉求，从而推动公众参与由象征性参与阶段迈向实质性、常态化参与阶段（见图5-1）[01]。因此，政府治理需要以明确的法律法规来规范线上互联网互动平台，制度化捕捉社会焦点、热点和民意反馈，及时了解并有效应对社会问题和挑战；另一方面，利用线下已有的网络，与线上网络相结合，发挥各类主体的积极性，促进社会参与，推动多元合作，形成O2O（Online To Offline）[02]协同治理模式，实现社会民众参与公共决策的常态化，进而提高社会治理的民主化水平。

---

01 刘叶婷、唐斯斯.大数据对政府治理的影响及挑战[J].电子政务，2014（6）.

02 O2O，即Online To Offline（在线离线，或线上到线下），是指将线下的商务机会与互联网结合，让互联网成为线下交易的平台。这个概念，既可涉及线上，又可涉及线下，可以通称为O2O。

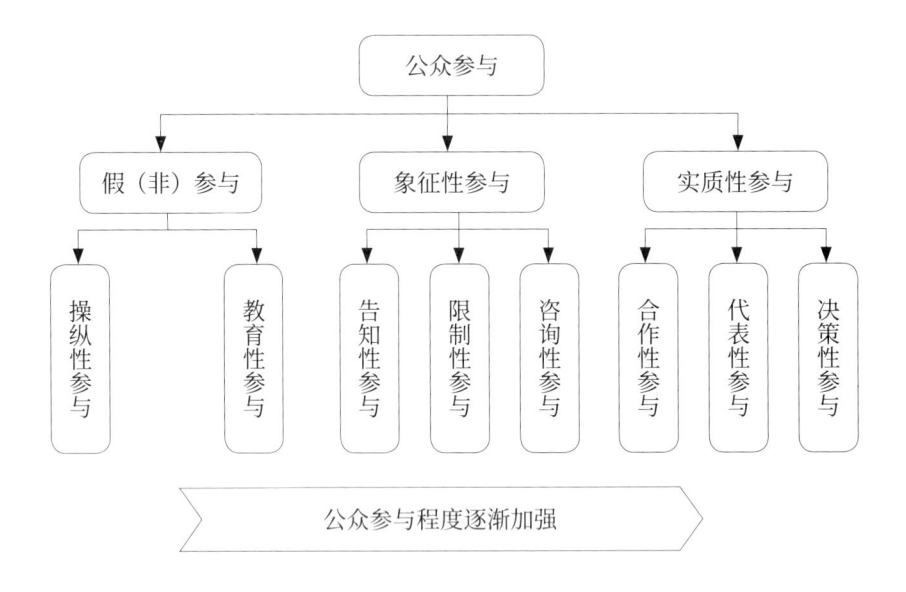

图 5-1：S.RArnstein 的公众参与层次

3. 规范动态协同的治理手段

现代治理要求政府协同运用法律、行政、市场等多种治理手段以达成预期治理成效。借助大数据、云计算等技术，政府作为治理的主导性主体能够实时且全面感知社会事项的动态变化，刚性的法律规范能够将政府通过社会系统的反馈及时调整治理手段制度化，使得政府能够持续性地有效应对复杂多变的社会环境。

由于大数据政府治理的发展完善是一个长期且复杂的系统工程，其制度建设也是一个不断完善的动态过程，要坚持立、改、废并重，及时全面清理现行有效的政府规章、规范性文件，按程序修改或者废止新形势下与大数据政府治理发展所不适应的规定。在研究制定上述政府规章、文件的基础上，政府还需要根据大数据政府治理发展的实践需要和相关法律、法规的授权，以及已有法规的制定施行情况，再增加、调整相关配套制度，构建大数据管理制度体系，推进大数据政府治理的制度化规范化。

> 相关
> 链接

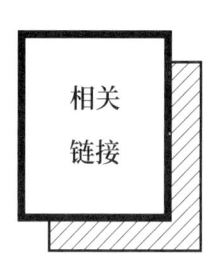

一、案例介绍

案例1：韩国的大数据政府治理实践[01]

韩国在20世纪90年代中期就开始全面推进电子政府建设，其电子政府发展在当今世界处于领先水平。从1979到2012年，韩国中央政府通过促进行政业务电算化、推广网络与政府信息化、建立全国基础信息系统等措施，逐步建立起了覆盖全国的信息网络系统，行政办公与公共服务的信息化与自动化水平不断提高。期间，韩国同步完善了以信息化、信息公开与隐私保护为核心的法律体系，建立了首席信息官制度，并成立了全国信息通信技术战略总统委员会、电子政府特别委员会等战略执行机构。在2003年至2007年，韩国政府实施了31项与电子政府公共服务相关的核心工程，以进一步完善电子政务系统。2008年至2012年通过新信息技术如移动终端，进一步整合政府部门内部系统，拓宽公民获取公共服务的渠道。这一时期，韩国公共服务信息化水平全面提高，在线公共服务体系基本完善。

2013年，韩国政府宣布实施政府3.0计划，这标志着韩国电子政府进入新一轮发展阶段。从服务方式看，政府1.0计划强调政府导向的一站式服务，政府2.0计划强调顾客导向的一站式服务，而政府3.0计划则强调个性化的政府服务门户。从服务特点看，与政府1.0计划的单向

---

01 节选自：王猛.政府3.0与治理变革：韩国的经验及其对中国的启示[J].云南社会科学, 2015 (04).

沟通、政府2.0计划的双向沟通不同，政府3.0计划更强调政府与公民之间随时随地的个性化双向沟通与交流，并为公民提供无缝隙服务，进而构建开放化、共同参与的治理模式，实现政府与公民之间的共享与合作。

为推动政府转型、实现治理新范式，韩国政府提出了在有效管理公共资源、改善公共服务、增强政府公信力三方面的改革措施。在公共数据管理方面，一是建设公共数据门户网。部门数据集中在该平台上统一发布，以方便公民查询与使用数据。2013年，约有5000种类型的公共数据在该平台上面向公众开放。同年11月，成立了开放数据中心对公共数据的使用提供法律和技术方面的咨询建议。12月，成立了开放数据战略委员会，负责公共数据政策的协调以及政策实施情况的评估。该委员会由来自公、私部门的人员混合组成，成员各占一半，以推动公私合作。二是鼓励私部门充分利用公共数据。为此，开放数据战略委员会通过了"促进公共数据提供与推广基本计划（2013—2017）"。该计划作为韩国政府3.0计划的核心政策，主要内容是开放公共数据与建立开放数据系统。依据该计划，到2016年，信息公开的类型要达到12654种，开放比例达到60%，通过开放数据门户网站为建立起一站式的公共数据提供框架，政府、公私部门间的开放数据系统支持框架开始实施。

在公共服务改善方面，一是建立公共交流渠道。2013年9月制定了为实现公私合作的公共政策网络辩论计划，就教育、食品、住房、就业、公共安全、交通、福利等议题进行广泛辩论。建立了政策辩论的门户网站，2013年网络讨论政策数达280个，公众的意见在随后制定的政策中有着直接体现。另外，修改行政程序法为扩大公共参与和网络政策讨论提供法律依据。二是完善公共服务平台。为解决部门分割问题，建立一站式服务中心；建立24小时在线公共服务网站作为发布公共信息与办理公共服务事项的统一平台。三是提供多样化公共服务。利用最新信息技术如移动平台创新公共服务提供方式；继续保留传统面对面服务方式，如利用全国邮局网络向弱势群体提供福利、民政等服务。

在增强政府公信力方面，一是扩大信息公开范围。建立信息公开门户网站，主动公开与公众生活相关的信息，该网站集中了所有部门的公开信息而无需分别访问不同部门。2013年，3.5万份文件在无公民事先申请的情况下公开。按照政府3.0计划，信息公开将涵盖1700个国营委员会和实体机构。二是加强官员财产信息公开，打造廉洁政府。韩国行政、立法与司法部门均设有伦理委员会，负责官员财产信息公开以防止官员不正当得利。2013年2688位高级政府官员不动产信息公开超过26次，约4.4万位政府官员（占总数35%）进行了财产申报。2014年1月，韩国修改了《公共服务伦理强制执行法》以推动官员申报。

案例2：美国政府数据开放共享的合作模式[01]

美国作为全球开放数据运动的领导者，在加强开放政府数据与合作共享方面也一直走在世界前列。2009年1月，奥巴马签署的《透明与开放的政府备忘录》中强调："通过鼓励联邦政府内部、各级政府之间以及其他政府机构和私人机构之间的合作和建立伙伴关系来提高政府的工作效率"，将加强合作提高到国家的战略高度。2015年7月，美国颁布的《第三份开放政府国家行动计划》要求，"要加强联邦政府与创新者之间的合作，开发出更多的高价值数据集和可视化工具，满足公众的需要"。2016年5月，美国又发布《联邦大数据研究与开发战略计划》指出，"创建和加强国家大数据创新生态系统的联系，应该建立持续的机制来提高联邦机构在大数据领域进行合作的能力"。

（一）政府间合作

美国是联邦制国家，政府活动主要在地方、州、联邦3个行政等级之间。因此，政府间关系主要是联邦与州、州与地方、联邦与地方、州

---

01 节选自：黄加花，陈闯. 美国政府数据开放共享的合作模式[J]. 图书情报工作，2016，（19）.

与州、地方与地方等方面的关系。就美国政府数据开放而言，政府间进行开放数据合作主要有以下 3 种模式。

1. 层级式

层级式合作是指不同层级的政府部门之间的合作。政府数据开放是一项"承上启下"的巨大工程，不能仅仅依靠联邦、州或者地方政府单一层级的职能，而是需要通过多层级的政府间的协作来完成。建立多级政府部门间的有效合作体系，是政府数据开放政策得以顺利制定和执行的重要保障。以美国交通部为例，根据美国预算管理局颁布的《开放政府指令》要求，"联邦政府各部门也应制定相应的开放政府计划"，交通部建立了跨部门协作小组，通过各部门间的合理分工和相互协作，制定本机构的"开放政府计划"，保证交通部开放数据工作的顺利开展。

2. 平行式

平行式合作是指相互间没有隶属关系的同级政府机关或者不属同一系统的机关之间的合作。建立一个分工合理、运转良好的多部门合作体系，有利于各部门各施所长，实现多部门之间数据的互联互通，提升政府在管理和决策方面的科学化和精细化，规避过去各个部门主要依据自身数据进行决策的弊端。以美国知名的城市数据网站 City-data 为例，该网站汇集了美国各地 74000 多个城市的照片、最新的房地产价格和销售趋势图、卫星照片、人口统计数据、各种地方新闻链接等。这些数据信息主要来自美国商务部、联邦住房金融局、国家气象局、美国人口普查局等机构，并通过彼此合作将各自所拥有的数据进行开放共享，整理出包括美国所有城市的详细资料，并汇总发布在 City-data.com 上。用户登录该网站即可找到自己所需的各种信息。

3. 区域式

从政府数据开放的角度而言，可以将区域式合作理解为：相邻的区域内的政府，通过彼此之间加强合作与建立机制以促进政府数据开放和整体解决数据开放问题的合作模式。目前，在美、英等国以及经合组织等国际组织的推动下,政府数据开放已经成为国际合作的重要议题,主要发达国家、发展中国家都将合作纳入政府数据开放共享的进程中。

(二)政企合作

政府主导型模式是由政府作为数据开放共享的主体,通过政府主动开放自身数据并吸引企业投资(资金、技术)的方式来深化政府数据的创新应用。主要方式包括:开展创新应用竞赛、合作建立试点项目。

1. 开展创新应用竞赛

2015年7月,纽约市政府联合纽约市经济发展公司举办了第六届移动程序设计大赛——Big Apps,通过提供125000美元的现金奖励以及相关的产品开发资源,吸引全国各地的公民、技术专家、企业家、工程师以及研究团队等,利用他们的专业知识、技术和公开发布的数据来创建新的应用程序(APP),解决纽约市政府当前面临的"经济适用房、零废物、城市连接和公民参与"4个挑战性问题。此项活动还得到了包括微软、谷歌和脸书等公司的赞助。这些挑战竞赛活动不仅有助于促进公民参与政府治理,还有利于推动政府数据的创新应用。

2. 合作建立试点项目

美国的第一个智慧城市——"智慧可持续型城市"项目就是由迪比克市政府与IBM合作建立的。该市政府通过与IBM合作,利用物联网技术将城市的所有资源(水、电、油、气、交通、公共服务等)数字化并连接起来,进而通过监测、分析和整合各种数据,智能化地响应市民的需求,并降低城市的能耗和成本,使迪比克市更适合居住和商业发展。芝加哥市政府与企业合作的"路灯杆装上传感器"项目旨在通过"灯柱传感器"进行城市数据挖掘,收集城市的路面信息,检测环境数据,如空气质量、光照强度、噪音水平、温度、风速等。思科、英特尔、高通、斑马技术、摩托罗拉以及施耐德等公司为该项目提供技术和资金支持。此类数据采集装置还会为政府、独立研究机构或是大学提供概念验证和方案测试服务,并会随着传感器技术的进步及时进行产品升级，满足潜在的科研和学术需求。

3. 企业主导型

企业主导型模式是指企业主动面向政府开放数据，通过以微观数据支持政府的宏观决策，来寻求政府监管的创新模式。主要案例包括：Airbnb 主动开放有限数据以及 Uber 公开交通出行数据库。数据开放的目的是为了共享流动，只有不同来源的数据之间互联互通，才能真正实现数据的价值。在大数据时代寻求数据的流通共用，不仅要求政府主动提供数据，还应当鼓励企业发布自身数据，以微观数据支持政府的宏观决策。

（三）政民合作

为加强政府与公民之间的合作，美国各行政部门和机构采取了多种方式和途径促进公众参与。

1. 众包方式

众包是将集体智慧融入政府执政理念，公众成为政府的合作者。采用众包方式可以提升公共服务的质量、交付和响应能力，由政府和公民共同开发、设计、提供公共服务，可以加强公共服务的提供者和使用者间的合作伙伴关系。许多联邦机构都尝试过利用众包平台或在线构思工具来征求公众的想法，成功案例如"Data.gov""cityofboston.gov""Reboot.FCC.gov""History Hub"等，其中"History Hub"项目是由美国国家档案和记录管理局（National Archives and Records Administration，NARA）开发的一个外部协作网络，通过该平台，国家档案局的主题专家可以与研究人员以及公众进行合作，分享信息，并根据他们的经历和兴趣找到对某一历史主题感兴趣的人群。此外，该平台还提供讨论区、博客、配置文件和其他互动工具用于用户间的沟通与协作。该项目是 NARA 开放政府计划的一部分，以实现政府的透明度、扩大公众参与以及政府间合作的目标。

2. 举办在线竞赛

在线竞赛是用以寻求突破性的想法，对观点和方案在线呈现和排名，对那些针对特定问题或挑战给出了突破性解决方案的人提供物质奖励。这种挑战竞赛不仅有助于促进公民参与政府治理，还有助于推动政府与公众的创新和合作。如 Challenge.gov 网站是由美国政府和 Challenge Post 合作推出的在线竞赛网站，由政府发布问题并提供奖金，鼓励公众参与解决迫切性的公共事务问题，从中获取创新性想法和最佳解决方案。

3. 启动数据消费项目

为促进公众参与政府数据，加强宣传推广，美国政府还开展了一系列关于大数据的主题活动。如"蓝纽扣"项目旨在引导消费者安全地获取健康信息，更好地管理其健康与经济状况；"绿纽扣"项目旨在为家庭与企业提供能源消费数据，帮助消费者节约资源；"我的学生数据"项目则是美国教育部将助学金免费申请表与联邦助学数据共享，使学生与资助人能够获取、共享所需数据资源；"创建副本"计划由联邦政府国税局 2014 年执行，通过名为"Get transcript"的工具将纳税人的数据共享，使居民进行抵押贷款等项目时更加便捷。

4. 利用社交媒体工具

利用社交媒体技术可以推动政府与公众的对话，并为社会各方讨论政府政策制定和实施提供机会，促进官民合作。以白宫的"we the people"请愿网为例，该平台为公众联合发起政策议题、参与联邦政府政策的制定提供了重要途径。美国国家科学基金会（The National Science Foundation，NSF）为促进公众参与的多元化，加强政府与公众的沟通协作，构建了多种社交媒体网站。NSF 的 Facebook 网站主要用于与那些对科学、技术、工程和数学领域感兴趣的公众进行互动；NSF 还有一些 Twitter 账号，主要用于扩大交流和推广 NSF 的活动，除提供一些推荐文章以外，还提供一些活动的照片和视频供人们访问；NSF 的博客，主要用于促进那些对 STEM 感兴趣的年轻公众的参与；NSF 的 Flickr 网站主要提供研究和教育的相关图片，以供传播科学和工程为主题的人使用；NSF 还有一个 You-Tube 频道，用于提供与科学主题有关的视频供访问者观看和评论。通过 NSF 的 Linked In 网站，公众可以了解到 NSF 完整的社交媒体活动。这些社交媒体工具极大地促进了公众的参与。

二、概念解析

（一）政府数据

结合《中华人民共和国网络安全法》第七十六条对网络数据的界定"网络数据，是指通过网络收集、存储、传输、处理和产生的各种电子数据"，以及《政务信息资源共享管理暂行办法》第二条对政务信息资源的规定"本办法所称政务信息资源，是指政务部门在履行职责过程中制作或获取的，以一定形式记录、保存的文件、资料、图表和数据等各类信息资源，包括政务部门直接或通过第三方依法采集的、依法授权管理的和因履行职责需要依托政务信息系统形成的信息资源等"来综合确定的，政府数据是指市、区两级政府及工作部门和派出机构、乡（镇）人民政府在履行职责过程中制作或获取的，以一定形式记录、保存的各类数据。

（二）数据铁笼

"数据铁笼"通过建立"用数据说话、用数据决策、用数据管理和用数据创新"的全新机制，用大数据的方法对业务流程和个人履职行为全过程记录，并对数据进行深度挖掘，一方面对业务流转过程中体现权力运行的数据进行融合分析，发现薄弱环节、寻找权力异常、增强事前预警，形成制约权力运行的铁笼，提升政府效能和服务民生水平。另一方面形成个人诚信档案，实现以大数据的方式对公务员的制约、考核、评价体系模型，最终实现把权力关进制度的笼子。

（三）协同治理

协同治理改革始于1997年的英国。协同治理改革一是反对政府退却，主张某种程度的政府回归；二是提倡多元合作，创建新的组织类型、寻找新的跨组织合作途径、建立新的责任机制和激励机制、提供新的服务供应方式；三是强调决策统一、目标整合；四是突出信任，建立新的绩效管理制度，更加注重公共服务的整体性成果；五是力求以公民需求为导向，在协调、整合和责任机制下，运用信息网络技术对碎片化的治理层级、功能、信息系统进行有机整合，在整体政府的视角下为公民提供无缝隙服务。

附录一

"贵州数字经济发展与应用"研讨会发言稿摘录

2017年5月2日,由贵州省社会科学院、贵州省大数据发展管理局、贵阳市大数据发展委员会主办,乌当区人民政府、贵州省社科院区域经济研究所、贵州智源信息产业孵化基地有限公司承办的"贵州数字经济研讨会"在贵州省贵阳市举行。本次研讨会以"数字经济:新经济新治理新动能"为主题,旨在加强数字经济领域理论研究,加快谋划和布局贵州数字经济发展,提高政府在数字经济背景下的治理能力,提升贵州经济社会发展新动能,促进数字经济主体产业发展。

参加研讨会的政府、科研机构、企业等近十余位领导、专家学者围绕"数字经济:新经济、新治理、新动能"的主题,分别结合"大健康+大数据融合发展的乌当实践""用数字经济引领欠发达地区产业转型升级""建设服务型数字经济项目之智慧健康""医疗中的数字经济:精准可视化与远程医疗实时协作技术"等多个方面展开了精彩的发言和讨论。下面将部分研讨会发言稿和论文整理摘录如下:

加强理论研究与思考,为贵州数字经济更好更快发展建言献策[01]

"贵州数字经济发展与应用"研讨会恰逢其时,贵州省第十二次党代会提出,要更加扎实推进大扶贫、大数据、大生态三大战略行动,以

---

[01] 此文系中共贵州省委宣传部副部长、贵州省委网信办主任谢念在2017年5月2日"数字经济:新经济·新治理·新动能"研讨会上发言的整理稿。

发展大数据为战略契机，大力建设国家大数据综合试验区，用大数据创造智慧生活、开创美好未来。研讨会的成功召开，将会为深入贯彻落实省第十二次党代会精神、扎实推动贵州省数字经济发展与应用提供理论指导和智力支持。

一是深入研讨交流数字经济的内涵和外延。数字经济以现代信息网络作为重要载体，信息网络技术的有效使用是数字经济发展的重要推动力。数字经济的发展给包括竞争战略、组织结构和文化在内的理论和实践带来了巨大的冲击，我们原来关于时间和空间的概念将会受到严重的挑战。以制造业为例，人类最好采用的是"等材制造"，如青铜器的制造，不需要经过复杂加工制成最终产品。随着电的发明，人类开始采用"去除—切削"加工技术进行"减材制造"，提高产品的精度和质量，但却带来材料的浪费和能源的消耗，而且对于复杂形体的零部件，这种加工方式受到一定的限制。而现在的"增材制造"从原来的"减法"改成做"加法"，通过材料一层一层地精确"堆积—热熔"，可以达到或接近切削所达到的精度，又可以形成复杂形状的零部件，既节约了资源，又提高了效率。随着信息网络技术发展的飞速前行，网络化的众仓、众创、众筹、O2O等新型创新方式密集涌现，拓展了制造业研发与商业模式创新的方式。可见，数字经济的内涵和外延将会随着信息网络技术的发展不断拓展和延伸，希望各位与会专家站得高、望得远、看得长，为贵州数字经济的发展指点迷津。

二是深入研讨交流贵州数字经济发展的实践。贵州从2013年开始就着力发展大数据，2015年制定的"十三五"规划明确提出了实施大数据战略行动，2016年获批首个国家级大数据综合试验区，创造性地将大数据应用于经济社会发展各个领域，率先在大数据制度创新、数据开放共享、数据中心整合、创新应用、产业集聚发展、数据资源流通与交易、国际交流合作等七个领域先行先试，为国家大数据战略实施探寻可借鉴、可复制、可推广的经验。贵州实施大数据战略行动以来，在加强顶层设计、加快基础设施建设促、进产业集聚、强化资源开放共享、建设数字政府、聚焦民生应用、打造开放平台、完善体制机制方面取得了显著成就。希望各位专家深入实践、深入一线，从理论思考的视角审视提炼贵州发展数字经济的实践经验，从而充实完善理论思考，实现理论与实践的互动，为贵州数字经济更好更快发展建言献策。

以大数据为引领，加快贵阳数字经济发展[01]

2014年以来，贵阳市坚持以大数据为引领、加快打造创新型中心城市建设，奋力创建国家大数据（贵州）综合试验区核心区，2016年底，大数据产业规模总量突破1300亿元，几年来年均增长保持在35%以上，大数据企业主营业务收入达到650亿，两项指标全省占比均超过50%；呼叫中心坐席规模达15万席，总量已位列全国第五；信息基础设施三年攻坚取得重大突破，互联网出省带宽达到4340Gbps。大数据发展的顶层设计不断优化，产业规模逐步扩大，应用领域加速拓展，创新能力进一步增强，保障措施更加完善，初步形成了冲劲足、后劲强、发展优势持续巩固的良好态势。

通过三年多的发展，贵阳大数据产业不仅风生水起，而且已经落地生根，形成"智慧树"茁壮成长、"钻石矿"流光溢彩的良好局面，为贵州省乃至全国各地发展大数据起到了较好的引领和示范作用。大数据与数字经济一脉相承，发展数字经济是贯彻落实"创新、协调、绿色、开放、共享"五大新发展理念的重要举措，对贵阳市以大数据为引领加快打造创新型中心城市具有重大意义。

01　此文系贵阳市大数据发展管理委员会主任唐振江在2017年5月2日"数字经济：新经济·新治理·新动能"研讨会上发言的整理稿。

1. 发展数字经济的思路

深入实施全省大数据战略行动和数字经济发展规划，按照以大数据为引领打造创新型中心城市的总目标，把发展数字经济作为我市大数据发展的重要方向，加快发展资源型、技术性、融合型和服务型等四型数字经济，深入推动大数据三大业态引领数字经济发展，深入推动大数据与三次产业融合发展，深入推动数字经济与供给侧结构性改革有机结合，培育数字经济新型市场主体，深化数字经济重点领域改革，完善数字经济发展支撑体系，构建数字流动新通道，释放数据资源新价值，拓展经济发展新空间，激发实体经济新动能，培育数字应用新业态，推动我市建设"块数据"城市，实现经济社会跨越式发展。

2. 发展数字经济的目标

到 2020 年，数字经济主体产业增加值年均增长 20% 以上，数字经济增加值占地区生产总值的比重达到 30% 以上，吸纳就业能力明显提升，数字经济对国民经济发展的先导作用和推动作用进一步得到发挥。

（1）建成全国数字经济融合试验区的核心区。数字经济对三次产业创新转型和结构升级的促进作用明显，互联网、大数据、区块链和人工智能技术广泛应用，智能制造、大数据金融、服务型制造、绿色制造、区块链经济、分享经济模式广泛推行，产业协同创新体系基本形成，数字经济成为全市加快转型升级的强大动力。

（2）建成西部数字经济发展核心基地。培养和引进一批各种层次的数字经济人才，集聚 20 家以上数字经济龙头骨干企业和 100 家以上创新力、竞争力强的数字经济"小巨人"企业和"独角兽"企业，孕育催生一批数字经济新兴业态。

（3）建成全国数字经济惠民示范城市。数字经济成为民生改善的重要途径。贵阳市信息化发展指数达到 85，达到全国中上水平，网络普及率和数字生活指数排名显著提高；政务服务效率和智慧化水平大幅提升，行政审批和公共服务事项网上全流程办理率达到 65%。高速光纤网络基本实现城乡全覆盖，城乡数字鸿沟加快缩小，精准扶贫数字化取得显著成效。

到 2025 年，贵阳市数字经济发展相关体制机制基本健全，数字经济体系进一步完善，数字经济增加值占地区生产总值比重将达到 40% 以上，建成全国数字经济融合试验区的核心区、全国数字经济惠民示范城市和西部数字经济发展核心基地。

3. 发展数字经济路径

（1）发展资源型数字经济，做强大数据核心业态。培育发展专业化数据采集服务；发展数据存储与云计算服务；发展数据加工与处理分析服务；发展数据交易服务。

（2）发展技术型数字经济，培育大数据核心竞争力。发展智能终端、芯片、新型电子材料和元器件等研发制造业；打造贵阳智能终端产业集聚区；发展呼叫、信息外包等业态；发展新兴数字技术业；发展区块链技术和应用；发展数字安全技术业；推进建设大数据安全靶场。

（3）发展融合型数字经济，推动大数据＋实体经济转型升级。发展智能制造业，在贵阳率先建设一批省级互联网工业设计中心；发展数字农业；推动能源、建材等行业数字化升级，重点建设贵阳高新区、经开区、清镇市新材料新能源产业基地，推进石墨烯新材料等项目建设。

（4）发展服务型数字经济，培育大数据＋新兴业态。发展智慧物流、数字金融等生产性服务业；推进"互联网＋"普惠金融发展，加快贵阳互联网金融产业基地建设；发展智慧旅游、智慧健康等服务业；利用互联网、云计算等技术，大力发展"大数据＋医疗""大数据＋健康管理"等；发展电子商务、数字共享、文化创意等新型服务业态；大力发展分享经济，利用互联网等先进信息技术推动闲置资源的整合和共享，提升全社会资源配置能力和利用效率，满足多样化、个性化的社会需求；加快贵州文化出版产业园、中国文化（出版广电）大数据产业项目等一批文化创意产业园建设，发展数字媒体、数字出版、3D 动漫、VR 游戏和视频等。

4. 构建数字经济发展环境

建议从加快建立完善数字经济开放合作体制机制、推动数字经济创新创业、深化科技管理体制改革、营造良好营商环境、推动数字经济法制化标准化改革、开展数字经济立法探索等方面，构建和优化数字经济发展环境。

数字经济是装满"货"扬帆远航的"船队"[01]

数字经济，毫无疑问是当前经济领域里的一个热点话题，是世界新经济的代名词，可它到底是个什么东西，我们应该怎样去理解它呢？只有真正理解并弄懂了它，我们心中才会有发展并推进它的分寸，才不至于因为认识错误而陷入误区，舍本逐末。

1. 数字经济是个好东西

我们可以确认数字经济绝对是个好东西，这个好东西正在让我们现有的经济运行模式发生重大改变，堪称经济领域里的一场革命，这场革命消灭了区域间的空间边际，使任何一个地方不再偏僻，沙滩成了办公室。正如央视纪录片《互联网时代》所说："那山重水复的遥远就在眼前，距离，消失了；那钢浇铁铸的分割依然矗立，遮蔽，崩解了。新的个人、新的自由、新的生活扑面而来；在海滩，在居室，在街角，在每一个你注意，或没有注意的地方，将一切联系起来，为所有人铺筑坦途，为整个人类开拓无限空间。"比如贵州数字经济走在前面，贵州就不再偏远。

2. 数字经济是一场经济革命

这是一场去中心化的革命，互联网上的每一个点都是中心又都不是中心，也如央视纪录片《互联网时代》所说："这是怎样的一张网呢？每一个交汇点都是平等的，每一个交汇点到达另一个交汇点，有着一张

01　此文系经济日报出版社社长、亚洲财富论坛常务理事韩文高在 2017 年 5 月 2 日 "数字经济：新经济·新治理·新动能"研讨会上发言的整理稿，参见 2017 年 5 月 4 日《文高经济时评》。

网所有的连接，提供的无限途径，于是每一个点都是重要的，而每一个点都是不重要的；这是怎样的一张网呢？伴随节点的增多、网络的扩张，每一个新加入的都会让已有的节点和网络的能量得到相应的扩张，所有的你，都让我变得更强，所有的我，都让你变得更加有效；这是怎样的一张网呢？在人类信息交流的世界里，处于特权地位的中心被解构了，每一个普通的个人，与每一个恢宏的机构划时代地拥有平等的地位。"

最重要的是这场革命让传统经济提高了效率、整合了资源，减少了浪费，总之是通过对传统经济的渗透和改造创造出巨大效益。我们每个人都毋庸置疑地感受到数字系统给我们带来的快捷和方便，今天要是忘记带手机、所在的地方不能上网或者办公室停电，我们不仅是不能忍受，而且几乎是不能工作。如果没有这个系统，一辆自行车就只有一个人骑且更多时间被闲置，有了这个系统，一辆单车可以无数个人骑，共享单车不仅整合了资源而且消灭了黑摩的。滴滴打车、预约公车也一样，都不仅整合了资源，而且减少了浪费。这是一场由新知识、新技术、互联网与传统经济融合创造出来的经济奇迹，这个奇迹的诞生标志着知识经济走入一个新时代，或者说智慧时代呼啸而来，一旦在这个时代掉队，就如同从北京到贵阳赶不上飞机只能乘火车。但是，我们必须清楚：数字经济是数字系统和传统经济融合形成的一种新经济，我们不能把数字系统当成数字经济的全部，数字系统只是数字经济的一半，或者说只是"一只船"，装上"货"后才是数字经济，也就是说，数字系统不能脱离传统经济而独立运行，所以，数字经济并不是继第一、第二、第三产业之后诞生的新产业，而是让数字系统融入其中的新经济。

3. 数字经济的内涵及实质

说到这里，我们可能清楚了，经济还是那个经济，经济本身永远不会变，变化的是工具，比如，自从汉字被发明出来，汉字的意思没有变，变的是承载它的工具：甲骨、青铜、竹简、绵纸和电脑；再比如，从工业1.0到工业4.0，工业作为第二产业或者制造业永远不会变，变的也是工具，即从机械化到电气化，再到自动化，直到今天的智能化，从1.0到4.0，哪一次飞跃不是一场经济运行工具的革命？所以，我认为，数字经济也只能是一场经济运行工具的革命。但是，我要说明的是，我们不能因为它是经济运行工具的革命而小看数字经济，因为说到底人类历史上任何一次生产力的进步都是工具的革命，就连人区别于动物也是因为人类会使用工具。

这样看来，我们可以为数字经济下个通俗的定义了：把新知识（软件）、新技术（硬件）装配到互联网上造出一艘船（工具），船上装满货（传统经济）扬帆远航，装满货扬帆远航的船队就是数字经济或者新经济。既然如此，我们就不能只造船，不装货。

块数据的核心与大数据的未来[01]

对数字经济的认识才刚刚开始，或者说，数字经济时代还远远没有到来。这个时代的真正到来，取决于互联网、大数据、区块链突破性的广泛应用。但是有一点必须肯定，讲数字经济必然离不开大数据，大数据必然离不开块数据。今天围绕"块数据的核心与大数据的未来"这个主题讲三个基本观点：

1. 块数据是大数据时代的解决方案

块数据是贵阳大数据理论创新的重大成果。2015年，大数据战略重点实验室创造性地提出"块数据"的概念，研究出版《块数据：大数据时代真正到来的标志》，在业界引起强烈反响。2016年，大数据战略重点实验室探索性地提出"块数据理论"，研究出版《块数据2.0：大数据时代的范式革命》，指出块数据是大数据发展的高级形态。2017年，

---

[01] 此文系贵阳市人民政府市长助理、贵州大学贵阳创新驱动发展战略研究院院长连玉明在2017年5月2日"数字经济：新经济·新治理·新动能"研讨会上发言的整理稿。

大数据战略重点实验室围绕块数据的核心价值进一步深化，研究出版《块数据3.0：秩序互联网与主权区块链》，使我们对块数据的研究有了一个更加全面和更加深入的认识。我们的研究认为，块数据是把各种分散的（点数据）和分割的（条数据）大数据汇聚在一个特定平台上，并使之发生持续的聚合效应。这种聚合效应是通过数据的多维融合和关联分析对事物做出更加快速、更加全面、更加精准和更加有效的研判和预测，从而揭示事物的本质规律。

需要说明的是，块数据强调融合性，而大数据强调关联性；块数据强调平台支撑，而大数据强调技术支撑；块数据强调自流程化，而大数据强调信息化；块数据强调以人为中心，而大数据强调以数为中心。这就是块数据与大数据的区别。我们认为，块数据是大数据发展的高级形态，是大数据的核心价值，是大数据时代的解决方案。

2. 区块链创新了互联网治理模式

在《块数据3.0》的研究中，我们进一步深化了对大数据核心价值的认识，指出了区块链特别是主权区块链在秩序互联网中的地位和作用。互联网是大数据在虚拟空间的复杂互动和开放联系。这种复杂互动和开放联系是无界的、无价的和无序的。从人人传递信息，到人人交换价值，再到人人共享秩序，互联网也经历着从信息互联网到价值互联网再到秩序互联网的演进过程。这种从低级到高级、从简单到复杂的演进，正是把不可拷贝变成可拷贝的一种数据形态，本质上是以人为中心的数据流在虚拟空间中的表现状态。这种表现状态的无边界和可扩展，让我们对数据流不可确权、不可定价、不可交易、不可追溯，也不可监管。从某种意义上讲，互联网让我们处于无序和混沌之中。

区块链的诞生为互联网带来新的曙光。区块链技术的应用打破了互联网无序、混沌、不安全的状态，并试图构建一个更加有序、安全、稳定的新世界。从块数据理论上讲，区块链就是一个块数据组织，或者说是一个在公正算法控制下的数据化组织，我们称之为分权共治组织

（DAO）。它通过超级账本技术、智能合约技术和跨链技术建立起一套共识机制和共治机制。这套机制通过编程和代码，把时间、空间、瞬间多维叠加所形成的数据流加以固化，形成可记录、可追溯、可确权、可定价、可交易的技术约束力。特别是主权区块链的发明，又为区块链技术的应用插上法律翅膀，使区块链从技术之治走向制度之治，把互联网状态下可拷贝变成不可拷贝的数据流建立在可监管和可共享的框架内，从而加速了区块链的制度安排和治理体系的构建。

区块链推动了互联网从低级向高级形态的演变，改变了互联网的游戏规则，为互联网治理提出解决方案。如果说，互联网是一条通往未来的高速公路，那么，大数据就是行驶在这条高速公路上的一辆辆车，区块链则是让这些车在高速公路上合法和有序行驶的制度和规则。互联网是一个不规则、不安全、不稳定的世界，区块链技术的应用则让这个世界变得更有秩序、更加安全和更趋稳定。

《块数据3.0》讨论的主题是互联网、大数据、区块链的关系。在这三者的关系中，规则是第一主线。本书的突破在于重构互联网、大数据、区块链的规则。在互联网的发展中，从信息互联网到价值互联网再到秩序互联网，是互联网从低级到高级、从简单到复杂演进的基本规律，秩序互联网是互联网发展的高级形态；在大数据的发展中，数权和数权制度成为大数据的核心价值，数权法开启并催生新的数字文明；在区块链的发展中，主权区块链创新现代治理模式，正在成为区块链技术应用的制高点。

3. 数权法开启并催生新的数字文明

《块数据3.0》对数权法的研究是一个重大理论创新。从数据到数权，这是人类社会迈向数字文明的必然产物。像人权、物权一样，我们还拥有数权。数权是人人共享数据以实现价值最大化的权利。从法律特征上讲，数权的主体是特定权利人，数据的客体是特定数据集。数权既具有人格权，又具有财产权。数权也包括公权和私权。数权的本质是共享权，它与物权的"一物一权"不同，往往表现为"一数多权"，不具有排他性。对数据制度的研究更是一个崭新的领域，我们试图构建一个数权制度体系，主要包括数权法定制度、所有权制度、公益数权制度、用益数权制度和共享制度，这只是一个学理探索。数权法是调整数据权属、利用和保护的法律制度。当互联网、大数据、区块链与法律联姻，这个世界就真的不同了。当然，也像物权法支撑工业文明一样，数权法必将孕育并催生新的数字文明。

大健康+大数据融合发展的乌当实践 [01]

1. 实践背景

首先，国家层面进行了支持大数据大健康融合发展的顶层设计。具体包括"健康中国 2030"规划纲要、国务院关于积极推进"互联网+"行动的指导意见（国发〔2015〕40 号）、国务院关于印发促进大数据发展行动纲要的通知（国发〔2015〕50 号）和国务院办公厅关于促进和规范健康医疗大数据应用发展的指导意见（国办发〔2016〕47 号）等重要规划、纲要文件，这些文件的颁布，为大数据大健康融合发展指明了方向，提供了政策保障和依据。

其次，省市政策倾斜。随着贵州省大数据产业、大健康医药产业的发展，乌当区大数据大健康融合发展获得了前所未有的历史机遇，同时，省级、市级层面均对乌当大数据产业、大健康融合发展给予政策倾斜。贵州省支持乌当区形成布局科学、产业集聚、链条完整、业态丰富、产品多样的大健康医药产业发展格局。2015 年 8 月 14 日，贵阳市人民政府发布《市人民政府关于支持乌当区建设贵州省大健康医药产业引领示

---

01 此文系中共贵州省贵阳市乌当区委副书记、区人民政府区长唐兴伦在 2017 年 5 月 2 日 "数字经济：新经济·新治理·新动能" 研讨会上发言的整理稿。

范区若干政策的意见》(以下简称《意见》),《意见》提出,支持"示范区"相关企业研制健康智能终端产品、开发医药健康软件、搭建健康服务网、建设药品电子交易平台;搭建以大数据为核心的"贵州省医药(健康)产业公共服务窗口平台"和智能化医药物流、医药电子商务、大健康呼叫中心等平台建设,给予政策支持和资金扶持。2015年9月,在首届贵州大健康医药产业发展大会上,乌当区被授予"贵州大健康医药产业发展示范区"称号,是贵阳市唯一一家被授予该称号的区县。

2. 加强大数据基础设施建设

(1)加快智慧城市建设。2013年1月,贵阳乌当区获得国家首批智慧城市创建试点,成为贵州省首批唯一申报成功的县级城市。紧扣智慧城市建设,搭建了"一平台,二中心,三体系"智慧乌当总体建设框架并逐步完善。2016年12月,贵州乌当智源大数据产业集聚区被贵州省省发改委认定为第五批省级现代服务业集聚区。

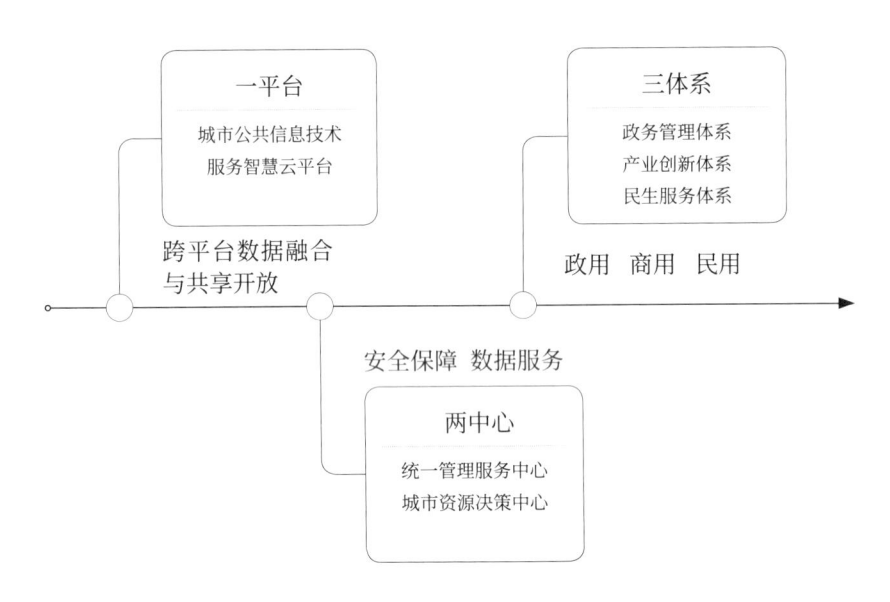

附图1:"一平台,二中心,三体系"智慧乌当示意图

(2)构建了自主可控的"天地双网"。乌当区完成全区电子政务

及互联网接入480个接入点，5248个互联网终端使用点，2051个电子政务网终端使用点。新天城区WiFi网全覆盖。实现区域内"万兆汇聚、千兆到企业、百兆到桌面"。目前全区出口带宽400兆，可根据数据流量适时拓展。

（3）构建了自主可控的数据中心。通过融资租赁方式，搭建了分布式云数据中心，现已存储数据量约为1PB（最大可存储量100PB，可拓展），形成覆盖民政、人社、教育、卫计、市场监管、统计等相关部门数据的城市公共基础数据库。

（4）搭建大数据大健康融合发展物理平台。贵州（乌当）大数据智慧产业基地于2013年5月启动建设，总面积约20000平方米。该基地位于火炬大道，包括乌当区智慧城市基础网络及数据中心、信息产业孵化基地和贵州(乌当)大数据及信息服务外包产业基地三个子项目建设。2016年，入驻企业192家，实现销售收入4.5亿元，就业1800余人。

（5）创建贵州智源大数据创新创业基地。项目位于贵州师范学院旁，总投资估算4.35亿元，总建筑面积5.18万平方米，该项目建成后将为创业者提供一个线上（大数据产业在线创客平台）与线下（物理空间）相结合的综合性创新创业服务基地。

3. 大数据大健康融合发展

智汇云锦孵化基地是乌当区倾力打造的大健康产业综合体，是孵化大健康医药产业的重要基地，项目聚集生物工程、医药研发、医学检测、医疗器械、医疗TMT、健康养生、健康体验等大健康产业，是贵州省大健康医药产业引领示范核心区。占地353亩，总建筑面积45万㎡，总投资19亿元。目前已基本完成一期20万平方米建设，单体主体完成10栋，投入使用5栋约8万平方米，苗医药博物馆、贵阳市大健康（产业）展示中心、黔龙医学检验中心、贵州微医互联网医院等项目已入驻。目前，乌当区利用智汇云锦正在培育的大数据大健康项目有全国互联网分级诊疗平台（贵州微医互联网医院）、北京维卓分级诊疗立体影像协作中心（该项目集 3D 医疗、云端平台、3D 共享、3D 协作于一体）。

另外，乌当区还有正在规划建设的贵阳医疗健康城。贵阳医疗健康城包括京东方健康产业园、贵阳乌当健康医疗数据湖产业园、贵州医科大学质子重离子专科医院等引领性项目。其中，贵阳乌当健康医疗数据湖产业园将基于华录蓝光光盘库的光磁一体化存储技术，着力在乌当地区打造服务贵州及西南地区乃至全国的绿色海量安全的 EB 级光磁融合、冷热混合新型医疗大数据存储基础设施。提供海量、安全、绿色、生态的数据存储、分析与应用服务。基于政府数据开放共享机制体制，在临床决策支持、健康及慢性病管理、医疗支付、精准诊疗、医药研发、医疗管理等民生重点领域发展基于医疗城市"数据湖"的生态应用。近期，乌当区已与华录集团旗下公司合作设立首期募资规模为 10 亿元的产业投资基金，将为健康医疗数据湖产业园等数字经济和大数据领域重点项目提供投资支持。

总之，乌当区今后以大数据为引领，推进绿色发展、强化城乡统筹，奋力建设全省大健康产业发展引领示范区。

数字经济新时代 转型升级新动能 [01]

今天，我们十分荣幸地请到了来自经济日报出版社、省委宣传部、省人大常委会、政府有关部门、高校、科研机构的各位领导、专家，以及来自相关领域的企业和媒体的同志、乌当区人民政府科局以上领导干部，共同探讨数字经济时代下经济社会发展大计。

刚才，韩文高社长、李丹宁副院长和徐晨博士分别以"宏观经济视野下的数字经济""食品安全云：大数据时代黔货出山，风行天下"和

---

01 此文系贵州省社会科学院院长吴大华在 2017 年 5 月 2 日"数字经济：新经济·新治理·新动能"研讨会上总结发言的整理稿。

"一个IT人眼中的数字经济"为题，做了精彩的主题演讲。各位领导、专家和来宾也围绕"数字经济：新经济·新治理·新动能"的主题，结合块数据的核心与大数据的未来、数字经济在大健康、欠发达地区产业转型升级、推进人大预算联网监督、智慧健康产业、精准可视化与远程医疗实时协作等方面的应用作了精彩的发言。各位的发言让人耳目一新，我本人也深受启发。

万众瞩目的"2017年数博会"即将召开，我们这个研讨会是"预热会"之一。在这样一个美好的春日里，我们齐聚一堂，来讨论数字经济这样一个新兴的、却又越来越热的话题。如同今天的气温，很高！不过，今天的研讨会和各位的发言突出一个"新"字。贵州省大数据发展管理局康克岩副局长介绍了贵州省有了一个"独角兽"企业（货车帮），全国目前只有16个城市拥有，犹如一股"新风"，彻底改变了国内货运车辆大量空驶乱跑、趴窝等待、货运信息交易效率低等现状，得到国务院总理李克强的点赞及央视《新闻联播》的头条关注。今天最新消息，"货车帮"完成了由百度资本领头的B2轮融资。又如，连玉明院长提出的三个新观点，特别是"数权法"引起了我这个法科研究者的极大兴趣，这将是我院大数据政策法律创新研究中心的研究重点。

2017年1月7日，阿里巴巴集团副总裁、阿里巴巴研究院院长高红冰在第二届新经济智库大会上提出的一个观点让我深受启发。他预测，数字2.0时代将给我们带来三个告别。第一是告别公司，在不久的将来，会有大量的公司消失，到2020年预计会有一个超过6万亿元交易规模的平台经济体出现。第二个是告别八小时工作制，工业革命创造的八小时工作制会在2030年以后消失。届时，中国将会有4亿多劳动力通过网络自由就业，就相当于中国总劳动力的一半，而还有一部分工作会被人工智能所替代。第三个是告别一般贸易，国家之间、各地之间的贸易往来已经不能满足未来经济体的发展，现在90%的国际贸易在跨国公司公司手里，未来30年这些跨境交易会逐步转向由中小企业借助互联网来完成，社会协作体系将进一步扩大。

面对这三个告别，我们的政府也正在或者将要面临一系列新的思考。近一段时间以来，贵州省积极贯彻落实党中央、国务院加快培育发展数字经济的决策部署，将大力发展数字经济作为我省贯彻五大新发展理念、坚守发展与生态两条底线的重要举措，视为培育经济社会发展新动能、推动实现历史性新跨越的战略选择，作为实施大数据战略行动、建设国家大数据（贵州）综合试验区的重要方向。2017年2月，省大数据发展领导小组出台了《贵州省数字经济发展规划（2017—2020年）》；3月，省委省政府出台了《中共贵州省委贵州省人民政府关于推动数字经济加快发展的意见》，这是全国首个从省级层面出台的关于推动数字经济发展的意见，为我省的数字经济发展指明了方向，提供了政策保障。加快谋划和布局数字经济、发展数字经济主体产业、促进三次产业数字化融合，对贵州省实施创新驱动、加速转型升级、培植后发优势，走出一条有别于东部、不同于西部其他省份的发展新路，实现弯道取直、后发赶超、同步小康，具有十分重要的战略意义和现实意义。

数字经济、数字治理不应当简单地理解为大数据治理或者说信息治理、智慧治理。第一次信息革命是以信息技术为核心，而第二次信息革命则应该是以互联网为平台发展的新平台经济，在数字2.0时代，数字经济带来的变革将是更加重大、深远而全面的。其中一个例子是数字经济将带来更大规模、更开放的协作体系，这种多对多协作将不断创造新的分工、带来新的价值，从而深刻而全面地改变经济发展和社会生活方式，这就需要我们以更创新的发展思路去推动变革。

在这一个层面上，科研工作者责无旁贷。作为全省哲学社会科学综合性研究机构，贵州省社会科学院为强化学术研究服务于社会实践的功能，充分发挥我院作为省委省政府"思想库""智囊团"的作用，从我省大数据建设实践和数字经济发展的实际需要出发，通过创新"院省、院院、院地、院校、院企"合作机制，带队伍、创品牌、促研究、出成果，取得了较好的成效。

一是整合优质资源形成合力，为贵州省大数据发展战略提供社科理论支撑。近年来，我院围绕大数据和数字经济发展需要，逐步形成了结构趋于合理、进一步适应研究需要的专业人才队伍和多个研究品牌。2015年12月，我院成立了大数据政策法律创新研究中心，并将"大数据治理学"列入院重点学科，更好地选准我省大数据政策法规建设的发展方向，为省委、省政府大数据决策提供应用政策法规建议，为各市州县提供大数据政策法规问题解决方案。目前，我院正筹备设立新经济与数字经济研究中心，组织开展相关领域的课题研究和学术交流活动，争取形成科研的新品牌。此外，以中国社会科学院和贵州省人民政府战略合作为契机，创新"院省、院院、院地、院校、院企"合作机制。在本次研讨会上，我院还将与贵阳市乌当区人民政府签订《战略合作框架协议书》，合作共建研究平台，助推社科研究和社会实践的有机结合，促进社科研究与地方发展互促共赢。

二是请进来、走出去，加强协同创新。近年来，以"省领导指示、圈示课题"和《社科内参》《甲秀智库专报》为主要渠道，我院服务省委省政府决策咨询机制逐步完善、成效明显。其中，省领导圈示课题立项数量由2010年的14项增加到2016年的61项，"十二五"时期累计完成200余项，由省社科院一家完成扩展到聚集中国社科院、省内高校等优质资源合力完成。以此为依托，我院不断加大对我省经济社会发展中的重大理论问题和现实问题的研究阐释力度，大扶贫、大数据、党建扶贫、商事制度改革等方面的研究成果得到陈敏尔书记、孙志刚省长等省领导的肯定性批示，直接或间接进入省委省政府和有关部门的决策每年有20多项。近2年来，我院承担中宣部"马克思主义理论研究和建设工程"重大实践经验总结课题2项，总结我省"牢牢守住发展和生态两条底线"、大数据综合试验区建设等方面的重大实践经验，得到中宣部高度肯定。

我院在大数据和数字经济领域还承担了一系列课题，包括：中宣部2016年度"马工程"重大课题暨国家社科基金重点委托项目"贵州省建设国家大数据综合实验区实践经验研究"、省软科学项目"大数据时代政府舆情导控及危机治理机制研究""贵州地方政府治理能力提升中的大数据运用研究""'云上贵州'建设发展中的政策法律问题研究——以政府大数据为核心"、省社科规划项目"贵州省大数据产业发展的法律保障研究"等。我院专家参与拟定的《关于加快大数据安全保障能力建设的建议》和《关于进一步提升我国大数据发展水平的建议》得到了党中央和国务院主要领导同志及其他中央领导同志的重要批示9次，中央网络安全和信息化领导小组、国家发改委、工信部、标准委等国家有关部委办已制定具体的实施意见；承担的部分相关课题得到了省长孙志刚、省委副书记谌贻琴和原省人大副主任龙超云等省领导的肯定性批示。此外，我院专家还应邀参与了《贵州省数字经济发展规划》的编制起草工作和在北京以贵州省政府名义召开的《贵州省数字经济发展规划》专家咨询会，在我省大数据和数字经济发展中积极发声、出谋划策。

今年5月25日，我们将迎来2017中国国际大数据产业博览会，继续聚焦大数据的探索与应用，展示大数据最新的技术创新与成就，届时将举行由经济日报出版社、中国华录集团主办，省社科院、贵州行政学院、贵州智源信息产业孵化基地有限公司协办的论坛"数字时代 如何拓展经济发展新空间"。论坛将进一步探讨推动互联网和实体经济深度融合，加快传统产业数字化、智能化发展，做大做强数字经济，拓展经济发展新空间等问题，希望各位支持、参与。

同时，为进一步提升影响力，我院区域经济所、新经济与数字经济研究中心、"大数据治理学"重点学科、大数据政策法律创新研究中心将于近期与乌当区人民政府、贵州行政学院科学社会主义教研部、智源公司共同推出《数字经济：新经济 新治理 新发展》一书，也请各位予以关注。

明者因时而变，知者随事而制。在这样一个变革的时代中，无处不在的创新让信息革命正在发生从1到N的蜕变，而数字经济正是重要抓手。未来，我国数字经济附加值一定会提升到新高度，支撑经济向形态更高级、分工更优化、结构更合理的阶段演进，推动社会治理向更科学、更有效的方向发展。贵州是首个国家级大数据综合试验区，在座诸君也必将成为数字经济发展的先行者、开拓者。

最后，我谨代表主办、承办、协办单位再次感谢各位参加今天的研讨会，希望在数博会上再次聆听各位的高见，共议数字经济发展大计！

附录二

"数字时代 如何拓展经济发展新空间"论坛发言稿摘录

2017 年 5 月 27 日，由中国经济传媒集团经济日报出版社、中国华录集团主办，经济日报出版社、北京易华录信息技术股份有限公司、贵阳市乌当区人民政府承办的"数字时代 如何拓展经济发展新空间"主题论坛在贵州贵阳国际生态会议中心举行。

作为贵阳数博会的主题论坛之一，"数字时代 如何拓展经济发展新空间"论坛紧跟数字经济时代的诸多变化，专注解读数字经济领域的技术创新、模式创新和理念创新，解析数字经济发展浪潮中所带来的各种挑战和机遇。同时在论坛活动中举行了《数字经济：新经济 新治理 新发展》的新书以及"数说"APP 发布仪式，展现了数字经济研究的新成果。政府代表、学术界代表、企业代表各抒己见，对"数字经济"即将产生和已经产生的新能量充满期待。下面将部分研讨会发言稿整理摘录如下：

从数字到数字经济，大数据产业发展实践 [01]

中国历来就重视数字的传统文化，从《三字经》到道教文化，都在用数字的方式描述万事万物的产生、发展、变化的整个过程。从数字文化角度来说，在中国传统文化中举足轻重，但是由于信息技术发展的不

---

[01] 此文系中国华录集团董事、总经理张黎明在 2017 年 5 月 27 日贵阳数博会"数字时代 如何拓展经济发展新空间"论坛发言的整理稿。

同步，类似的数字观念很难变成生产力、变成产业、变成经济。

在信息化时代里，以数字为基础、进行数字经济，数字产业发展实际上也为我们提供了发展新机遇。中国华录集团在数字经济产业里面已经耕耘了二十多年，经历了从录像机（模拟技术）到DVD（数字技术）的技术转型，也经历了多次产业转型。进入"十三五"期间，中国华录集团由DVD向数字音、视频国家队转型，成为了国务院国资委央企里面唯一从事数字音、视频产业的集团，由数字制造业向"数字智造＋内容＋技术"转型，着重扩展数字音、视频产业链。现在，中国华录集团又进行了第三次转型，向以信息产业为基础的科技文化融合发展的产业转型，成为了国务院国资委唯一从事科技文化融合发展的产业集团。

目前，中国华录集团拥有了完整的数字技术核心产业链，包括数字内容的生产、存储、传输、显示、播放和应用。这个产业链上承载着娱乐、影视等文化内容。同时，中国华录集团拥有北京华录百纳影视有限公司（唯一国有控股影视上市公司），北京华录百纳影视有限公司进行了包括《汉武大帝》《咱们结婚吧》《爸爸去哪儿》《跨界歌王》等节目的数字内容制作。

有了数字内容以后，中国华录集团建立了一个世界领先的蓝光光盘库，它主要解决大数据的存储难题；在大数据的传输方面，中国华录集团有一个关于航天数字传媒公司，通过卫星进行大数据的传输；在大数据的显示播放方面，中国华录集团有两个世界级的产品——蓝光播放机和激光投影仪。目前来说，在数字时代产业链上中国华录集团拥有了大数据的完整产业链。

大数据产业要发展，光有数据不行，必须结合数字经济来发展。第一，数字经济是以大数据为核心。第二，数字经济是以存储为基础。第三个，数字经济是以应用为关健。基于此，中国华录集团在数字经济时代下推出了"数据湖"。数据是一种资源，资源就像水一样，所以"数据湖"建设是政府"水利基础设施"建设，必须加大"数据湖"的建设。

贵州数字经济先行先试，提升政府治理能力促进主体产业发展[01]

近年来，贵州省经济社会发展好事不断，发展成绩来之不易，发展前景令人振奋。2015年，贵州省的GDP首次跨越了万亿元大关，GDP占全国的比重从1996年的1.01%上升到了2016年的1.58%，特别是2010年~2016年6年间，GDP占全国的比重从1.13%上升到1.58%，上升了0.43%。2016年，贵州省分别获批了"国家大数据（贵州）综合试验区""国家生态文明试验区""贵州内陆开放型经济试验区"，这三大试验区成为贵州"守底线、走新路、奔小康""后发赶超、弯道取直"，努力实现全省经济社会发展的历史性新跨越的"三驾马车"。

党的十八大以来，习近平同志把创新摆在国家发展全局的核心位置，高度重视科技创新，围绕实施创新驱动发展战略、加快推进以科技创新为核心的全面创新，提出了一系列新思想、新论断、新要求。针对此，贵州大胆创新、抢抓机遇，从2014年开始将发展大数据作为全省的重要战略行动，将大数据的全方位应用作为贵州实现跨越赶超、弯道取直的重要手段。贵州敢为人先，通过几年的努力，率先发展大数据、建设国家大数据综合试验区，创造性地将大数据应用于经济社会发展各个领域，取得了令人振奋的成绩，取得了10多项全国第一，极大地鼓舞了贵州各族人民后发赶超的信心。2015年6月，习总书记在视察贵州时说"贵州发展大数据确实有道理"。贵州以国家大数据综合试验区建设为依托，率先在大数据制度创新、数据开放共享、数据中心整合、创新应用、产业集聚发展、数据资源流通与交易、国际交流合作等七个领域先行先试。就此，提出了三点要求：

第一，抢抓机遇，把握主导权。当今世界，以大数据、物联网、云

---

01 此文系贵州省政协副主席、贵州省大数据战略发展领导小组副组长谢晓尧在2017年5月27日贵阳数博会"数字时代 如何拓展经济发展新空间"论坛发言的整理稿。

计算、人工智能等为代表的信息技术迅猛发展，正在改变人们的生产生活方式、经济运行机制和社会治理模式。数字经济的核心是提高全要素劳动生产率，提升核心竞争力。在大数据发展中应该结合"十三五发展规划"，深入实施供给侧改革，拓展数字经济发展空间，打造贵州大数据产业发展的升级版。

第二，深化数字经济的跨区域合作与交流。只有加大开放，加强跨区域协作与合作，将我们与这个世界紧密相联系，才能吸收外面先进思想、技术来不断地提高自我。发展好数字经济，更需要拓展朋友圈，深化跨区域合作与交流。建立国内合作机制，积极开展部省合作、切实加强区域合作、全力推动政、产、学、研、用合作；拓展国际合作空间，积极参与数字经济国际交流合作、推动数字经济业务领域国际合作、强化数字经济国际合作支撑能力。

第三，加强数字经济的宣传、推广、普及应用工作。数字经济是什么，有什么价值，贵州为什么要发展数字经济，怎么应用，有什么困难，取得了哪些成效，对全国其它地区发展有什么经验可循等，宣传部门、职能部门、科研部门更应该加强协作，加强在这方面的工作开展。我们要将"外脑"与"内脑"相结合，优势互补，呈现贵州省推动数字经济全方位发展的又一次高潮。

本届数博会的召开，为贵州省数字经济的深入发展应用奠定了坚实的基础，本次论坛是一次数字经济理论研究、谋划布局、应用探讨的会议，对提高政府在数字经济背景下的政府治理能力，促进数字经济主体产业发展具有重要价值。

中国经济未来发展与"数字经济"[01]

当下,中国经济处在较为疲软的阶段,中国经济连续低于8%的增长速度。这次经济放慢和以往不同,呈现出了两极分化的情况。一方面东北、华北经济问题严重,另一方面深圳、江浙一带经济依然繁荣,并未出现经济衰退迹象。每个地区增长也是不一样的,一方面辽宁、山西、黑龙江很低,另一方面重庆、西藏、贵州依然保持着10%以上的经济增长,即使是沿海经济大省,如广东、江苏、福建、浙江等,都保持8%的经济增长。另外,每个行业的情况是不一样的,即便GDP的增长速度在放慢,但服务、金融、批发、零售等一些行业始终保持着8%左右的增长。所以说现在中国的经济,它不是一个宏观问题,而是一个产业结构问题,造成现阶段经济衰退的最主要原因就是产业结构调整滞后了。一方面,传统产业由于劳动、土地等成本的提高,"中国制造"迅速减少。另一方面,教育和科技发展乏力。

中国现在刚刚进入中等收入,就有"中等收入陷阱"在等着我们。但是我们一定会进入陷阱吗?不一定,我们也可以把"中等收入陷阱"看作"中等收入挑战"。如果产业结构能够调整好、教育科研能够跟得上,我们就能跨越这个中等收入陷阱。换句话说,供给侧改革、数字经济、创新创业等一系列措施的实施都是在努力调整产业结构、跨越中等收入这个可能的陷阱。

中国现在有没有可能跨越中等收入陷阱,再次出现超过7%的增长呢?完全有可能,实际上中国经济是在走一个大的"U"型。有三个特殊原因:第一,中国是发展中国家,发展中国家在起飞过程中有很多后发优势,比如数字经济、互联网技术等。第二,中国尚在转型、改革之中,

---

[01] 此文系著名经济学家、北京大学校务委员会副主任、北京大学汇丰商学院院长海闻在2017年5月27日贵阳数博会"数字时代 如何拓展经济发展新空间"论坛发言的整理稿。

给未来预留了发展潜力。第三，中国是大国，大国有规模优势，尤其在高科技产业这类投入高、成本高、需要很大的市场规模以降低平均成本的产业中拥有规模优势。

服务业对经济增长的拉动主要体现在加速信息传播、增加消费上。特别是互联网和金融结合以来，消费便捷度大幅提升、消费能力也大大提高。不过，如何提高产品附加值是服务业面临的最大问题。马云说过，假货质量不一定差。这个话是对的，假在品牌不是假在质量。质量达到了，但是没有品牌，所以更需要营销，增加产品附加价值。

这就是为什么现在大家这么重视数字经济，因为数字经济是不仅服务业的组成部分，还能够提升服务业附加值。随着收入越高，服务业的比重就会越大，世界上发达国家的服务业占比70%以上，中国刚刚超过50%，从这一点来讲中国服务业发展潜力巨大，而且未来服务业是重要的经济增长动力，将引领汇中国产业发展。

另外，传统制造业并没有过时，不要以为煤炭、钢铁都过时了，中国还处在起飞阶段当中，这些将来仍然会拉动中国经济增长。不过，制造业面临着两个问题，一个是技术创新，第二个是商业模式创新。给定了资源、给定了技术，怎么把它更好整合起来很重要，大众创业、万众创新实际上就是一种资源的整合。除此之外，制造业兼并重组也很重要。中国制造业有很明显的量大、小而全的特点。企业小而分散，没有实力怎么从事科研？福特每年有五、六十亿做科研，辉瑞每年有将近一百亿做科研，我们的企业有这样的实力吗？所以只有当规模大了以后才能降低平均成本，才能有规模经济。

那么，什么叫"数字经济"？数字经济英文是什么？是Number吗？但数字经济和数字没有关系，应该指的是大数据，而大数据是Big Data。另外，数字经济是Digital吗？但这是数码经济。所以数字经济到底是什么？是Digital引领而产生的经济技术，还是大数据产生的经济效益，还是说两个都放一起？所以，数字经济可能是包括大数据，这是一个产业；

同时也包括数码技术，这是一种新技术。数字经济应该是一个包括应用、Digital、互联网平台用数据、大数据作为信息支撑所产生的经济。

从大数据角度来讲，新兴服务业将创造很多的产值和就业机会。比方说收集数据，需要用互联网平台、需要用 Digital 的技术，收集各行各业各种各样的数据，然后分析数据、储存数据、使用数据，这就是大数据产业。同时，数据本身又对其他产业有促进作用，比如说信息共享。从生产角度来讲，研究数据后对产品生产、产品附加值、销售对象、市场需求、产品定价等均有好处。

发展数字经济并不是一帆风顺的，必将遭遇很多挑战。首先是人才培养，没有足够的人才将来数据怎么收集、怎么分析、怎么使用、怎么开发都是问题。另外，人工智能将来对普通劳动力展现出的排他性也将会是一个非常重要的问题。很多东西可以用机器替代了、很多问题都可以用大数据解决了，那要人来干什么呢？尤其是没有受到高等教育的人将来很容易成为一个社会问题。技术不能代表一切，技术如果发展很好，但是人的社会问题没有解决好就一定会反弹的。所以，如何处理好数字和人的关系在未来很是严峻。第二个是基础产业，比如工业、农业、大健康产业等如何在互联网这一平台上得到更好发展。关键在于机制、制度、流程的建立和执行。

目前，大数据产业是一个热门话题，各省各地区各单位都在加速建设大数据，大数据可以帮助经济发展，也可能破坏经济经济发展。在我们欢呼数字经济春天的时候，千万还要注意防范下雨的可能。

开启数字治理新模式[01]

大数据、物联网、云计算这些信息技术的飞速发展，深刻改变着人

---

01 此文系贵州省社会科学院院长吴大华在 2017 年 5 月 27 日贵阳数博会"数字时代 如何拓展经济发展新空间"论坛发言的整理稿。

们的生产、生活方式。在大数据时代我们就要主动运用数字治理模式提升政府治理的能力，实现社会的协同治理，推进诚信体系建设，加强数据的安全保障，提升推动政府向善政转变。要开启数字治理新模式、提升政府治理能力，就必须运用数字化技术手段、整合数据资源，提升政府的执行力、创新决策机制、不断提高政府治理行政效能和服务水平。

第一部分，开启数字治理新模式，提升政府治理能力。运用数字化技术手段，整合数据资源，增强政策执行力，创新决策机制，不断提高政府治理的行政效能和服务水平。

第一，要提高政策执行力。不断优化政府政策执行环境，整合政策执行资源，形成政策执行合力，有效遏制政策在执行过程中出现的"中梗阻""低效率""脱型走样"及"观望症"现象等，有效防止政策在执行过程中出现随意性和弄虚作假行为，确保政府的政令畅通，提高政策执行力，推进数字信息技术与工业、农业、服务业的深度融合发展，推动产品创新、生产技术创新、商业模式创新，不断完善政府治理体系制度化、科学化、规范化和程序化。

第二，实现政府决策流程再造。充分利用数字化的关联分析，数学建模、虚拟仿真、人工智能，基于广泛大量数据基础上进行模块化分析和政策模拟，为决策提供更为系统、精确、科学的参考依据，为决策实施提供更为全面、可靠的、实时的跟踪，推动政策决策由过去的经验型决策向数据分析型的转变，实现政府决策机制的流程再造。

第三，创新政府权力监督机制。运用数字化技术手段，对权力运行过程中产生的数据进行全程记录、挖掘分析，及时发现和处理各类不作为、乱作为及腐败行为，使权力在阳光下运行，构筑反腐败的网络数字化监督机制，推动法制政府建设，实现把执法权力关进"数据铁笼"，让权力运行处处留痕，规范干部权力运行机制，真正做到"人在干，云在算"。

第四，搭建政府信息共享服务平台。打破信息孤岛，整合数据资源，搭建快速、精准、高效的数字化办公流程和政务服务模式，为政府、民众和企业提供快捷、精准、高效、方便的办事服务，实现政府从粗放式管理向精细化管理转变、从单兵式管理向协作式管理转变、从文书式管理向电子政务数字化管理转变，提升政府综合协同和管理能力。

第二部分，开启数字治理新模式，提升社会治理能力。我们要加强社会风险的疏导，促进社会良性运行和协调发展。

第一，夯实公众、社会与政府协同治理基础。以数据开放共享、电子政务、智慧城市等为抓手，利用互联网扁平化、交互式、快捷性等优势，拓宽公众、社会组织及市场主体参与社会协同治理的渠道，运用电子技术手段简化行政事务处理程序，提高公民社会民主协同效益，加强政府引导、社会组织或市场主体与公众参与社会协同治理，形成社会事务的"共治"局面，实现社会治理的效益最大化。

第二，促进社会治理从"政府单向管控"向"多元协商共治"转变。传统的社会管理模式是以政府为单一主体来实行对社会进行管控，是一种通过国家强制力为保障的、自上而下的、非协商性的治理方式。进入到数字时代以后，传统的社会治理模式明显不再适应时代发展需求了，所以就要以政府为引导，充分发挥政府、社会组织、市场主体、公众等众多社会治理主体的自治功能，推动社会治理从"政府单向管控"向"多元协商共治"转变，促进线下治理向线下线上融合治理转向，变被动治理为主动治理，引导社会与公众协同化解社会矛盾、防控社会风险、增进社会认同，实现社会协同治理效益最大化。

第三，推动现实社会与虚拟社会的双重治理。随着网络信息技术的深入融合发展，虚拟社会孕育而生，正逐渐形成与现实社会并存的社会存在形式。虚拟社会的匿名、开放、高度自治这些社会特点必然催生新矛盾、新问题，这些新矛盾、新问题往往会与现实社会中的矛盾、问题交织在一起，客观上就要求社会治理模式顺应时代发展，更加注重治理空间、主体、路径的多元化，及时、有效地向网络虚拟空间延伸，充分运用数字化技术手段，更好地应对社会矛盾和社会问题，推动现实社会与虚拟社会的有效治理，维护社会良性运行和健康发展。

第三部分，开启数字治理新模式，创新诚信体系建设。当前，中国社会正经历着前所未有的信任危机，"毒奶粉事件""瘦肉精事件""染色馒头事件""问题疫苗事件"等等，每一次事件都碰触着中国人敏感的信任神经，每一次事件也同样拷问着中国社会的良心。在数字时代，我们要运用数字化技术，推进诚信体系建设。

第一，打造"数据留痕"的社会诚信体系。充分运用好数字化技术手段，实行统一的社会信用代码，规范数据采集、数据交换、征信平台接口、信用数据库和网络平台管理等标准化工作。加强对公民、法人和其他组织的诚信记录数据化建设工作，打造诚信"数据留痕"平台，编织"数据笼子"，规范、制约不诚信行为。

第二，完善社会诚信预防和惩戒机制。在网络信息化时代背景下，推进社会诚信体系建设，培育公民诚信意识，加强互联网和信息化技术开发，创建"政府—社会组织/市场主体—公众"三位一体联动模式，从源头上预防对市场恶性竞争、偷税漏税、欺诈蒙骗等行为，通过深度数据挖掘分析，对各类主体的实现行为进行预测预警，对各类不诚信行为实施精确治理，为推进社会诚信体系建设保驾护航。相关政府部门按照信息化、数据化、融合化的要求，建立部门联动协同机制，整合资源、加强协调、统筹推进，完善信息公开、惩戒纠错机制和相关法律法规体系。让全社会人人崇尚诚信、人人践行诚信、人人维护诚信，使政府用权必依法，有权不任性，不断完善社会诚信体制机制建设。

第四部分，开启数字治理新模式，切实保障数据安全。数字信息的开放共享使生产生活的透明性加大，涉及国家安全、经济社会发展战略、公民隐私等信息安全问题已逐步凸显。在开启数字治理新模式时，要有意识地构筑起数据安全的法制之网、责任之网及义务之网，确保数字信息安全。

第一，以数字技术保障数据安全。加大网络安全自主创新，加强网络安全应用示范和网络安全政府监管,搭建安全应用平台,以平台建设加强数字安全技术保障。加强区块链、数字化安全技术等在数据安全中的应用,与中国网安、奇虎360等优强企业协作,加大数据安全应用保障。

第二,以制度建设保障数据安全。以法治保障大数据安全,制定大数据应用法规,出台数据资源管理办法,制定数据开放共享条例,以政府数据的共享与开放为突破口,开展大数据立法探索,为数据更大范围开放、共享和促进大数据应用等工作提供法治保障。开展大数据与网络安全攻防演练活动,对各类基于网络与大数据应用的目标展开攻击与防护的应急演练,提升国家网络空间安全水平,推动大数据安全发展。

传统的治理模式已经不能适应新形势下时代发展需求,数字治理模式恰好为国家治理能力现代化提供了新的思路与新的路径选择,而且国家重点工程实验室就建在贵州,在大数据时代我们要主动开启数字治理模式,积极应用大数据、云计算、区块链等新一代信息技术不断提升政府治理能力,全力推动政府善政向善治转变。

大数据时代下如何助推数字经济产业发展[01]

人类社会从蒸汽动力到电力到互联网到现在的人工智能时代,发生着翻天覆地的变化。互联网发展了二三十多年,已经深刻改变了全社会生产生活的方式。我们现在进入后互联网的时代,生活方式更加自由、个性化,工作方式更加碎片化,企业产业运营方式更加精细化、协作化,整个社会治理方式更加智能化。

由于物联网、互联网以及信息化的建设,每时每刻都在产生大量的数据,每天也有更多的传感器在收集数据、更多的资料需要留存,更多

---

01 此文系北京易华录信息技术股份有限公司总裁林拥军在2017年5月27日贵阳数博会"数字时代如何拓展经济发展新空间"论坛发言的整理稿。

的业务流程需要数字化，还有更多的数据需要长期保存。所以，数据时代将会带来的新变化中的第一个就是基础设施的变化，将我们经常讲的"云管端"加上了一个"湖"，叫"湖云管端"，这是我们对数字经济一种新理解。

什么是"湖云管端"？首先需要了解"数据"的重要性。当下，数据已经成为了一种新的生产要素，就如同土地一样，这已经成为社会共识，同时全社会工作模式也变成"平台＋大规模协作"的方式。商业模式、社会运营方式、组织方式发生了大变化，出现了互联网、物联网、区块链和数据挖掘。在互联网、移动互联网以及人工智能时代下的新生活、新零售、新商业、新制造、新金融等接踵而至。同时，数据也催生出大的基础设施，叫"湖云管端"。中国是基础设施建设大国，在新数据时代到来的时候，必将在信息基础设施建设方面掀起一轮新的建设高潮。

进入新时代，未来三十年一个城市还要建什么样的基础设施？除了高速公路、高铁等之外，城市还缺少一个非常重要的基础设施，就是我们定义的城市的"数据湖"。为什么叫"数据湖"？因为城市的数据越来越多，信息高速公路上流淌大量数据。但由于没有绿色、经济的存储池，大量数据已经流失或者正在流失。所以我们提出来城市要建"湖"，像收集雨水一样，把这个城市衣食住行、吃喝拉撒，应收就收，应存就存，这个数据将变成迎接未来人工智能最重要的基础。

古人靠水而居，未来产业发展是靠"数字"兴业，哪里有数据，产业就会往哪里就会萌发出新的产业。未来的城市发展一定要把自己本乡本土的"水"要存起来，用于城市治理、社会治理、产业转型升级。数据能反映一个城市、一种社会现象或者物理现象客观发生的过程，通过历史数据的分析掌握自然现象、社会现象的规律，作出正确决策。我们现在的决策更多靠经验驱动，未来的决策应该靠数据驱动，但大量数据从哪里来、放到哪里都是问题。因此，我们提出城市要建"数据湖"，把数据留下。

这是我们对"数据湖"和当前数据中心的理解，我们叫"湖存储""云计算"。如果我们用当前云的模式处理数据，基于磁的方式进行计算和存储，那么云方式存储成本无疑是高昂的。如果我们用湖的方式存储，就可以把数据存储成本降低到1/20，也就是说用同样的成本，可以存储20倍的数据，这样就大大提高了掌握数据的总量。所以我们提出来要把现在云管端（云里面既有计算又有存储）中的存储剥离出来，由湖来解决，叫做"湖存储""云计算"。同时，80%的数据是冷数据，所有数据在两周以后也都会变成冷数据。但是这些数据非常有价值，一定要长期保存，长期保存就需要用"湖"的方式保存它，要用冷数据的方式来保存冷数据。"云"和"湖"之间的转换，就像雨水一样，热数据遇冷降水进到了湖里，湖里面的水蒸腾变热又成了热数据，这和自然现象完全吻合，这也是数据冷热转化的过程。

现在学术界都在讲，我们进入了DT（Data Technology）时代，现在大家正在建设大量的数据中心IDC。它是IT时代的末端，因为大家不需要买服务器了，使用共享服务器资源就行，它提供的是云计算服务。而"数据湖"是DT时代的起点。DT时代首先要收集数据、存储数据，然后将数据按照一定规则向社会开放。真正的智慧城市、真正的DT时代是靠数据说话、靠数据分析的。"数据湖"就是未来DT时代的起点，所以一个城市想迈入DT时代，一定要建设"数据湖"。

"数据湖"有几个特点，第一个是海量，"数据湖"的存储数据量是数据中心的10~100倍，耗电量只有数据中心的十分之一甚至更低；同时它储存的是原汁原味的数据，像原油一样，这些特点决定了它是一种新形态、新的基础设施，和百度云、阿里云完全不一样。中国华录集团做了二十多年光的核心件，目前能做到300G/张的光盘，这种技术只有中国华录集团和日本索尼掌握了。目前一张光盘300G、2018年能推出500G、2020年是1TB，耗电量只有数据中心的十分之一，这样一种新技术就催生出一种新应用，进而推动城市新的基础设施出现。"数据湖"不仅仅是存储数据，还要有大量数据应用在里面，包括超算、人工智能引擎等，这样才能保证"数据湖"不是一潭死水，它是整个城市未来的命脉。

"数据湖"到底怎么建？它是一种基础设施，当然是由政府来主导，可以采用PPP方式来建设。第一步建湖，采用大量的光电一体化技术、光磁一体化技术构建数据库大坝。第二步引水，让大量流失的数据不再流失。第三步数据分析和利用，就是水的加工利用，最重要的一点就是要制定水的开放规则，也就是数据的开放规则。哪些数据可以开放，哪些数据不能开放，怎么开放，开放到什么程度，这些都是由政府来制定规则。最后一步要把大数据的应用做起来，数据一定要产生应用，尤其是大数据产业。

人工智能时代有三个要素：海量数据、超级计算能力和算法。政府和企业是推动大数据产业的两个重要角色，政府应该扮演数据收集的角色，因为数据收集既是政府的能力，也是政府的权力，它是一个市场的宏观主体。而任何一个企业再大也是一个微观主体，但企业拥有更强大的超算和算法的能力。所以大数据产业要想发展好，政府需要把数据收集好、保管好，制定规则开放；企业需要把超算能力、算法创新做好，缺一不可。

同时，"数据湖"可以结合其他基础设施一起建设，建设数据湖产业园。在数据湖产业园里既有IT系统、又有放机器的场所。同时机器里面存储着大量的冷数据和热区，依靠超算对数据进行加热、进而加工分析。当这些硬件配置完备以后，企业就可以拎包入住。未来的产业城市靠数据招商，数据开放了企业就来了。所以，贵州贵阳虽然远在西部地区，如果把数据做好了，完全可以把硅谷企业招到贵州来发展。

数字经济下新媒体业的发展思考[01]

第一部分：数字经济概念的学习。

我们知道上层建筑是由经济基础决定的，经济基础更多是由先进生产力所推动的，所以一个经济体系最基本的东西就是生产力。数字经济，作为经济体当中一个组成部分，它所依赖的生产力是什么？当然是数字，是数字化、信息化，所以我们讲发达经济需要先进生产力，数字经济的基础就是信息技术这样一个先进生产力。

关于数字经济的定义，数字经济是以数字技术被广泛使用并由此带来经济环境、经济活动的根本变化的经济系统，我们简单的认为就是数字经济就是一个经济信号，或者是经济系统当中的一个子集，它可能创建企业和消费的"双赢"。第二点，数字经济主要研究的是新的生产、分销、销售等环节与数字技术相结合以后产生的商品和服务。因此它也是一个信息和商务活动全都数字化的全新的社会政治经济系统。

第二部分：新媒体业发展的思考。

"媒体"这个词翻译过来就是"媒介"。按照发展，传统的媒体有电视、广播、报纸，新型媒体有IPTV和电子杂志，实际上这已经不新了。按照功能来分，它包括存储、表示、表现、传输、感觉等等特征。

二十年前就提到了"超媒体"的概念，那个时候有一个"超文本"概念，"超文本＋多文本"就变成了多媒体。多媒体包括文字、图片、视频、动漫、AR、VR及AI、MI。

我们知道新媒体概念本身就是一个相对的概念，这个概念随着技术进步不断地迭代。"互联网＋"经济可以称为"数字经济"或者叫"经

---

[01] 此文系北京航空航天大学教授陈虔在2017年5月27日贵阳数博会"数字时代 如何拓展经济发展新空间"论坛发言的整理稿。

济+"，现在有人称之为"新经济"，那么媒体也是如此，"互联网+"媒体变成了数字媒体，数字媒体变成"媒体+"，然后变成现在的"新媒体"，从经济学角度来讲可以这样来对照。

现在讲到了大数据，在DT时代、数字时代，新媒体是什么？这个答案就应该是我前面提到的智媒体。所以数字时代我们讲新媒体是无所不在的，不仅仅是报纸、报刊、电视、广播等等，还包括电商、电影、游戏等等，衣食住行游购娱都离不开媒体，所以我们认为新经济是离不开新媒体的，新经济也是包含新媒体的。

新媒体和新媒体经济是由"数字经济+传统媒体"经过一定催化而产生的。这个催化剂是什么？这个催化剂是政府推动力、企业实践力以及学界的研究，这些都可以称之为对新媒体技术、新媒体产业及新媒体经济的催化。所以新媒体是一个信息化的媒介，新媒体产业是以新媒体技术为基础的产业经济形态，新媒体经济是数字经济下的一个子集。我们认为新媒体经济不局限于新媒体技术本身，所以我们说本身新媒体就是新媒体经济的核心，新媒体经济又是新经济的一部分，所以说对于经济的影响实际上是自己对自己产生的影响，新媒体经济本身就是经济的一部分来促进经济的发展，这是毋庸置疑的。

新媒体对经济的影响，第一是对于沟通形式的变化，在经济形势或者经济环境下沟通不可或缺。而新媒体促进沟通形式的变革是降低成本、提高效率的一种手段、一种方式。第二是新媒体成为经济系统部分的重要影响。第三是新媒体代表技术、产业和经济，那么它的发展带动其他相关产业的发展，包括社交、餐饮、教育、医疗、工业设计、出版、文化等等各个行业都将产生技术、产业各个方面的变革。所以我们说新媒体产业、新媒体经济，我们不再做具体区分，我们可以认为它是经济数字时代的经济发展的重要组成部分。

互联网经济下，互联网企业靠什么活着、靠什么盈利？在排名靠前的互联网企业中，它们的新媒体产业和新媒体经济都异常发达，占比极高。

互联网企业或者说以数字经济为代表的企业的盈利模式分为六个方面：

第一，卖货模式。电商、O2O都是这样。第二，卖数字产权和数字产品授权的。第三，搭平台进行分成。现在很多出版行业建共享阅读，用付费、订阅、分享这种方式来收取资金。第四，广告模式，就是卖流量。第五，卖增值，比如装备、等级、打赏系统等。第六，虚拟社区。虚拟社区和前面五种都不太一样，虚拟社区实际上是虚拟经济的概念，虚拟经济是一个不赚钱但是造钱的概念，它类似于现在的互联网虚拟货币——比特币的概念。现在数字经济的盈利模式大体都脱离不了这六种，只不过有些是混合在一起、几种模式共同来做的，这也称之为新经济的商业模式。新经济对于商业模式的影响大体可以这么来看，第一不按常理出牌，在该挣钱的地方不挣、在不该挣钱的地方挣钱。第二是羊毛出在牛身上猪来买单，这实际上是一个风险极大、不可复制、基本上一招不慎满盘皆输的模式。

新媒体经济是一个风险巨大的经济，新经济也是如此，当看到机会产生的价值的同时也要看到它出现的问题。比如健康问题、知识产权问题、行业垄断问题等，这些问题都有可能成为我们不可逾越的鸿沟，需要在发展过程当中不断完善、不断调整、不断努力。

作为新经济的代表，新媒体产业或者新媒体经济正在蓬勃发展，同时作为人类精神领域的服务产品，新媒体不只是数字经济的一部分，它还是在科普、教育、文化这些既是产业、又是事业、又是公益的领域发挥作用。所以新媒体需要发挥它的经济价值，同时也要发挥它的公益价值，所以新媒体经济其中有一个社会效益，而社会价值恰恰是我们很容易忽视的。

当我们低头猛跑的时候，大力发展经济的时候，是不是也该适当的注意放慢自己的脚步，等等丢失的灵魂。

联盟区块链技术发展及应用实践[01]

大家可能都了解过比特币，比特币是 2009 年诞生的，比特币背后的区块链技术在国内也引起了很多关注，无论是国外还是国内也好，这个技术在不断地作一些应用落地的尝试。

区块链的核心概念式是分布式、非中心化、非信任环境下建立信任关系，建立起资产与价值在整个网络体系内的传播，且这一资产或价值的传递可以以编程方式来进行。这里所谓的编程方式在区块链领域叫做智能合约，所有多方参与的规则都能用智能合约来实现，通过智能合约让多个机构一起来维护和约透明、公正的执行。

区块链主要由三部分组成，一是交易状态，每次交易状态都会导致账本改变，这是事后没有办法篡改，区块链每个参与方是要共同维护这个架构。二是区块，这是对一段时间内发生的交易和状态结果的共识。三是链，是一个个区块按照时间戳，按照顺序串联而成，是整个状态变化的日志记录。

区块链里有很多交易节点，每个节点都参与共识，也就是说用户发起每次交易的时候必须在整个交易网络达成共识之后才能写入到账本，这样的一种方式才能保证所有的交易过程不会被篡改。区块链是一种分布式容错体，可以容错三分之一节点的异常状态。同时，区块链还具有不可篡改性和隐私保护性，用密码学保证信息安全。另外从业务特性来说，基于这样的一个体系可以建立一个可信任的模式，通过区块链技术把企业平台建设成为一个有公信力的平台。

那么，我们是如何将区块链技术运用到具体场景中的呢？这些应用场景都是目前正在实施阶段或 POC 阶段的应用场景，比如私募股权交

---

[01] 此文系杭州云象网络科技有限公司联合创始人黄步添博士在 2017 年 5 月 27 日贵阳数博会 "数字时代 如何拓展经济发展新空间" 论坛发言的整理稿。

易、供应链金融、资产证券化、票据交易、电子合同存证、知识产权存证、个人征信等等应用场景。区块链技术本身的特点可以解决机构之间的信任问题，在很多场景下都是适用的。

以供应链金融为例，它本身存在着参与方多、产业链长、信息不对称、重复质押与审核、伪造贸易与基础资产信息、中心化平台数据易被篡改等问题。真实贸易及资产是供应链金融的核心，安全、高效的数据共享是风控的关键。通过区块链技术可以很容易打破信息孤岛，每个参与方都是对等的关系，核心企业、融资平台、经销商、供应商、金融机构都可以参与构建联盟区块链体系，同时通过一些非对称加密协议保护核心企业的商业隐私。另外，区块链还可以简化整个流程的成本。所有的订单合约、票据合约等都可以通过智能合约进行构建，大大简化交易流程、提升效率，使得整个产业链数据、外部数据安全高效共享。通过多链架构实现跨产业、跨平台、跨区域融合，构建供应链金融真正的生态圈。

圆桌对话：数字经济面临的挑战与机遇 [01]

主持人：人工智能 + 大数据，这叫双轮驱动，确实为全面数字经济时代带来了赋能和使能。当我们面对机遇的同时，不可否认还将面临不少新挑战，那么数字经济时代我们将面临哪些挑战？

蒋欣欣：我自己是从事 IT 技术很多年的，我可能会从技术角度看这个问题。

大数据发展之后积累了很多数据，数据存进去后就要能够用起来、

---

01 此文系中国智能多媒体终端技术联盟秘书长包冉（主持人）、中国网络空间安全协会副秘书长陈晓桦、中国传媒大学数字媒体技术系主任杨磊、北京易华录信息技术股份有限公司常务副总裁赵新勇、贵州省社会科学院区域经济研究所所长黄勇、上海市计算机信息进修学院院长周曾文、易华录大数据应用所所长蒋欣欣在 2017 年 5 月 27 日贵阳数博会 "数字时代 如何拓展经济发展新空间" 论坛圆桌对话的整理稿。

要产生价值。数据除了能够从多维角度看现在真实记录的世界是什么样的态势之外，其实还有一个非常重要的地方，就是刚刚讲的双轮驱动，用人工智能的方法把数据里面之前存在的真知灼见提炼出来。

人工智能这几年发展非常迅猛，一方面就是人工智能技术，特别是弱人工智能技术发展迅速。之所以是弱人工智能，主要还是其为人服务，人是主体，这样的人工智能加进去之后是产业自动化、流程自动化等。这部分促进了包括大数据平台技术、数据分析和挖掘技术等在内的多种新技术的出现和发展。另一方面，强人工智能，比如 Alpha Go。但目前来看，强人工智能发展还处于初级发展阶段，而对产业发展更重要的还是弱人工智能，特别是企业如何将其运用到实际生产中去，都值得我们思考。

我认为挑战主要来源于两个方面：一个方面，我们怎么样把象牙塔里的高科技转化成产业，我们怎么样把这些算法用工程化的方式、用相对比较低廉的人力成本加以实现，这方面我们也有很多的路要走。另一方面是基础设施层面的技术，如何减少海量存储、海量计算带来的资源浪费，达到多快好省的大数据要求。

赵新勇：我谈一谈大数据时代下，企业面临的挑战到底是什么，我想从以下几个方面来讲。

第一个挑战不在于人工智能技术本身，而在于政府部门的政策，以及政府官员理念的改变。从大数据产业规划来看，法规体系、标准体系、技术体系的缺失和不完整是当前制约大数据发展的核心问题。

第二个挑战来源于政府管理。应该开放什么数据、应该提供什么数据，怎么开放、怎么提供，应该承担什么样的风险，这些问题还不够清晰。第三挑战关于技术和人才。人才是人工智能研究的瓶颈，人才很有限，基本上都是集中在高校，连科研院所都不多，但高校的教授很多时候是纯技术的，如何能和业务相结合起来有困难。现在人工智能瓶颈不仅在技术，还在如何把业务需求讲得更清楚，如果讲得更清楚人工智能在中国应用会更好。

杨磊：我将大数据、人工智能和我的工作结合起来，谈一谈我的看法。

2015年，中央九部委联合发文《加强公共安全视频联网检测应用》。九部委发文并不是九部委需要，这是代表了国家35个部委局对视频监控的需求，这么多的视频怎么来用？靠人盯着屏幕是不可能的，只能靠智能分析。所以现在在公安应用领域，对图象、视频信息的深度应用已经提到议事日程，而且已经出台了一系列行业标准、国家标准。

深度应用应该怎么样来用？目前，大家对视频的运用通常都是滞后的，是在事情发生之后调出视频来还原事件真相。那么能不能在此基础上做前置分析，做预警？这是可行的，实际上类似的分析已经有人在做了，以北京公交卡刷卡记录为例，在后台分析这一大数据会发现，绝大部分的公交卡在早晚高峰都呈现出定点往返的趋势，而在不定区域频繁出现刷卡信息的人极有可能有问题，这就是大数据的分析。

还有一种挑战来源于人脸识别领域。人脸识别的前提是我们必须拥有庞大的人脸库，而我们现在的人脸库还达不到。特别是在反恐事件的处理上，嫌疑人没有前科，拍到的图像、比对的身份信息都是正常的，怎么去确认？这里，我们就需要结合生理特征做所谓的微表情情感识别，再进行深入分析。

周曾文：我主要谈互联网、人工智能对教育的影响。

随着互联网技术的发展，现在的网络教育是越来越发达。有了网络教育以后，教育资源更能够为大家提供服务了。比如说边远地区教育资源比较差，通过网络教育就可以共享优秀的教育资源。

现在技术发展非常快，人工智能对教育有什么影响？本来网络教育最多做到互动，但是学生的学习行为是不可知的，当有了人工智能以后，在网络教育上我们可以把教师教学、学生学习的轨迹可以记录下来，通过分析了解这个学生到底缺哪一课、我们怎么给他补……这样对于人才培养通过人工智能技术得到很好的发展。

黄勇： 我是做区域经济和产业经济研究的，我想从我的研究领域谈一谈数字经济的看法。

和大家的看法一样，数字经济确实是一种新经济，这是毋庸置疑的，但是这个新经济并不是这两年才出现的。事实上在20世纪90年代数字经济已经出现了，当时美国在1996年就出台了美国的数字经济发展战略，其后欧洲、日本、新加坡这些国家纷纷出台了的数字经济发展战略。现在，数字经济应用非常广泛，"互联网+"应用到了社会经济领域各个方面，以数字经济为代表的新经济模式发展得如火如荼。传统的发展经济资本、人力、土地等要素都可能在未来备受冲击。

首先是人力。随着未来工业智能化、人工智能的发展，人工智能必然代替人力，这是必然的。"中国制造2025"、德国"工业4.0"、美国先进工业智造计划都旨在于此。未来，很多劳动力会被机器人替代，这确实是对劳动力、对就业是一种冲击。第二是资本方面。数字经济发展必须产业化、商业化，必须和制造业结合才能得到可持续的发展。在当前数字经济发展背景下，每个国家都是把制造业的发展当做数字经济发展的核心。发展数字经济、发展互联网、搞大数据，必须要与产业发展相结合，比如说工业领域就必须实施创新导向型计划，中高端制造业必须实施引导型工业发展计划，服务业领域必须实施品质导向型融合发展的计划，在农业领域必须实施生态导向型计划，包括创新支撑农业发展。

第三，欠发达地区要推进数字经济发展、推进新经济的发展要注意几个方面。第一占领认识层面，现在顶层设计方面已经建立了国家大数据综合实验基地，但普通层面还要下大力气推广、宣传。第二要建立好信息基础设施，政府首先要变成数据型、数字化的政府。第三，要培养市场主体，现在的市场主体还比较少，尤其是做大数据、做数据化应用的市场主体还比较少，下一步要推动市场主体数据化创新。

陈晓桦： 我认为数字经济当前面临五个方面的挑战，应该引起重视。

第一，对国家经贸法规和相关制度的挑战。数字经济是一种新业态，在新技术新应用的推动下，深刻影响了世界各国的政治与经济，深刻影响了人类的生活与工作方式。需要考虑在数字时代建立有关数字经济的新的双边、多边贸易规则，新型国际贸易准则，新型国际数字经济贸易基础设施和仲裁立法；要考虑到诸如去中心化技术大规模应用可能倒逼主权国家改革经济贸易法规和相关制度。

第二，对国家政府监管能力和信息发布权威地位的挑战。举几个例子，像互联网金融方面，当初支付宝推出了余额宝，利息比银行高很多，极短时间吸储5000亿，引起央行重视和干预。滴滴出行注册司机高达1400万人，影响到了出租车行业的现行管理，在好几个城市发生了出租车司机打砸滴滴出租车驾驶员的社会群体事件，政府赶紧了出台只有本地车、本地人才能注册司机的管理规定。关于信息发布方面挑战政府权威地位例子也不少。比如房价，有多少人是按照政府统计后公布的价格买到房子的？谁掌握了这些国计民生的大数据，谁能发布，发布信息的精准度有多少，都挑战政府的权威地位。

第三，对促进人类社会公平正义如何缩小数字鸿沟的挑战。数字经济，新技术新应用，究竟是拉大了数字鸿沟还是缩小了数字鸿沟？贫困国家、地区、群体无法享受信息时代的便捷，无法参加跨代技术竞争。这涉及到带宽、通信基础设施建设水平、国家或地区信息化发展水平、个人承担使用成本的能力等诸方面。

第四，对伦理道德的挑战。数字时代，人工智能技术深度参与到人类的工作和生活，还有诸如大数据、云计算、物联网、移动互联网、智慧城市、人工智能、区块链技术等。新技术和应用可能深度参与人的思维、生活和工作，通过各种穿戴设备和感知器精确掌握人的各种生理甚至心理活动。另外，通过大数据分析甚至可预测人的心理反应，通过分析网络与物理世界活动可以了解人的隐私，个人嗜好和政治倾向。

第五，对保障数字经济网络与信息安全的挑战。由于数字经济越来越多依靠信息技术、通信技术、计算机技术，加上现在大数据、云计算、物联网、移动互联网、智慧城市、人工智能、区块链技术等，其网络安全问题，成为制约数字经济健康发展的重要因素。目前，各种侵犯公民个人隐私和企业经营秘密的网络安全事件层出不穷，电信和金融诈骗网络犯罪猖獗。前段时间出现的 Wannacry 勒索病毒软件事件，影响了广大民众的正常工作和生活，引起了各国政府的重视。

数字时代的经济贸易，涉及到不同国家的网络监管制度和经济制度，涉及到众多的网络和通信基础设施、数不清的各种信息系统、形形色色的技术标准和平台、数十亿的终端设备，甚至可能包括超过千亿的物联网终端。每一种技术、设备和应用，都有不同的网络和信息安全问题。这里面，既有技术自身的安全可靠问题，更有恶意攻击和欺诈等问题。

网上传输和存储的信息，更是无所不包。资金往来，企业经营秘密或敏感信息，银行帐号卡号和身份信息、电话号码、详细居住和通信地址等个人隐私。不仅数字货币，网上跑的有些数字本身就是资金。数据的收集与获取、传输与使用、共享与售卖和转让、存储与遗忘和销毁等环节，都涉及到许多网络安全问题。

当然，前面主要是从数字经济面临挑战的角度来说的。俗话说，只要思想不滑坡，办法总比困难多。从应对挑战角度看，目前各国的立法实践更多的是关注是跨境数据合法合规性问题以及如何保护企业和个人隐私。再就是打击网络犯罪和恐怖主义。这两个方面，国与国之间比较容易达成共识。

主持人：传统经济与新经济形态的叠加、融合成为常态，也出现很多"新瓶装旧酒"的"伪创新",譬如曾喧嚣一时的 P2P 互联网金融、号称创业者收割机的 O2O,以及时下鱼龙混杂的"共享经济"。那么,请大家预判一下哪些方面的创新应该是我们更加看中的,或者你有什么关于真创新的建议?

周曾文: 网购现在是很普遍的,对实体商业冲击极大。现在有一个统计数据显示,80% 的人去商场是体验、20% 才是购物。为什么不购物?因为网购更便宜、更便捷,但网购也有缺陷,比如体验不够。针对线上线下的优缺点,出现了一种商业模式——移动橱窗。比如你在商场看上了一件衣服又觉得贵,你可以扫描移动橱窗的二维码,等商品打折了系统就会通知你,这样就把消费者吸引到商店里面去了。这就是一种将线下体验经济和线上比价经济有机链接融合的典型。

蒋欣欣: 不能说哪一种 O2O 创新有问题,或者说哪一种创新有需求,现在有些创新做不好是因为他没有做好服务、没有真正考虑到客户的需要。从这个角度上讲,是他们自己失去了市场或者做乱了市场,但是市场本身需求是存在的。我们要擅于从采集而来的大数据中分析市场的刚需,分析现状是什么样的、矛盾冲突在哪里、我在什么样的情况下可以挖掘客户需求去调整我的产品,这是非常有意义的,也是面向数字经济时代非常好的例子。

杨磊: 刚才说到了 O2O,我还比较接受这个概念。一方面,线上线上的有机结合促进了经济发展,比如超市购物,你可以在网站或者用 APP 进行线上消费、也可以直接去超市完成线下采买。这样的 O2O 形式被绝大多数人接受、促进了消费,至少从这个角度促进了经济。另一方面,我从在线教育上讲。我一个学生现在就在做在线教育,通过数字媒体技术手段把原来线下教育放到线上来做,线上预习、线上答疑、线下体验。现在两者结合起来非常成功。

主持人： 最近几年，麦肯锡、IBM 很多大型研究机构报告都提到，人工智能的普及确实会在未来 10~15 年内消灭大量岗位。而这个过程可能会来得比我们想象的快得多。去年 3 月，人类也没有想到人工智能能轻易击败李世石、今年又完胜柯洁。所以，在数字经济的时代里，我们应该怎样培育新岗位、培育新就业机会来应对人工智能新发展？

黄勇： 现在数字经济的发展首先带来了就业形态的变化。传统就业岗位消失了，新的就业岗位又将产生，这就解释了这几年来为什么 GDP 增速下降，但是就业总体保持稳定、社会也没有出现大动荡的原因。随着人工智能程度的提升、在社会经济领域的深化，很多岗位确实会加速衰减或者退出，未来整个产业体系、经济体系和就业岗位都需要重新划分。另外，这种改变是不可阻挡的，不能为了保住就业岗位发展劳动密集型产业而阻碍新的经济业态的发展。未来社会可能是没有就业岗位的，赋闲在家可能是一种新的生活模式、自雇型劳动会越来越多，比如创意、设计之类的工作。那么，整个社会应该怎样来保障大家的生活，这是未来政府需要统一解决的一个问题。

陈晓桦： 我的感受正好相反，从网络安全行业来看，我觉得现在的工作正在增加、人手不够用。现在网络安全已经发展到新时代，国内外都在学习怎样用人工智能技术进行攻防。现在攻防演练有了，但是我们还需要深入学习、掌握新的人工智能技术，然后开发出机器人或者人工智能设备对大规模情报进行深度分析、大数据分析，最后提前智能地发现问题的能力。这对于从事网络安全工作的人来说是一个福音，工作没有减少，反而创造了新的工作。

到底什么才是中国经济发展的新动能？ [01]

今天，大家进会场可以看到会场边上的易拉宝上写的是"遇见经济，预见未来"。遇见非常重要，无论是人生、企业、还是国家的治理。比如我们这次论坛，首先遇见了中国华录集团，遇见了乌当区政府，他们都是很好的合作伙伴；也遇见了《数字经济：新经济 新治理 新发展》这本书的三位主编，三位共同把这本书写得那样好，既学术又浅显易懂。马化腾《数字经济》里面讲的是屁股坐在数字的板凳上，他强调的数字经济是第一、第二、第三产业之外的产业。我不这么认为，《数字经济：新经济 新治理 新发展》这本书的三位优秀主编也不这么认为，我们共同认为数字经济不可能脱离实体经济或者传统经济而独立存在。在此，我想借由《数字经济：新经济 新治理 新发展》这本书谈一点对数字经济的看法。

简单说，中国经济从改革开放到现在38年，我把中国的经济大体分四个阶段，每10年一个阶段、最后一个8年不到一份。通过这四大阶段来解读中国改革开放之后经济是一个怎么的动能、怎么样的动能衰减、新的动能又是怎样接上来的。

以前大家买什么都没有，买什么都要票，那是生产力不解放的年代，所以经济是贫穷落后的。1979年改革开放做了一件事，解放生产力。中国第一个10年就是手表、缝纫机、自行车，这三类产品为代表拉开了中国经济第一个10年的序幕。但10年之后自行车、手表、缝纫机这一类产品饱和了、动能消失了，就是这一刻中国经济本来要停下来了，但是没有停下来，为什么？因为新的动能诞生了，就是冰箱、彩电、洗衣机为代表的大的商品诞生了。10年以后冰箱、彩电、洗衣机饱和了，紧

---

[01] 此文系经济日报出版社社长、亚洲财富论坛常务理事韩文高在2017年5月27日贵阳数博会"数字时代 如何拓展经济发展新空间"论坛《数字经济：新经济 新治理 新发展》新书发布仪式的发言整理稿。

接着第三个动能的诞生。第三个动能是投资、出口和消费。但10年一个魔咒，到了2010年受世界经济影响，出口率先出现问题。这期间由于房地产暴涨挤压了其它消费，消费增幅也由22%降到了今天的10.9%，最关键的是，从2017年开始，房地产这辆马车的增速也要停下来，那后面怎么办呢？

进入第四个10年，中国经济之所以下行，是因为投资、出口、消费这三辆马车都出现调整的时候我们的新动能没能马上产生出来，我们进入了新旧动能的转换期。那么第四个10年的新动能到底是什么呢？我们探索了好几年，我想，"供给侧结构性改革"应该算一个，能够做到互利共赢的"一带一路"应该算一个，第三个就应该是"数字经济"了。谈到"数字经济"，我一下子想到了谷歌董事长埃里克·施密特在2015年瑞士达沃斯经济论坛上的预言：互联网即将消失，一个高度个性化、互动化的有趣世界——物联网即将诞生。

现在想来，这个数字经济的最终归宿应该是物联网。尽管我说过数字经济应该是一场工具的革命；数字经济不应该脱离传统经济而独立存在；数字经济是把新知识（软件）、新技术（硬件）装配到互联网上造出一艘船（工具），船上装满货（传统经济）扬帆远航。但是，对数字经济的表述可能不如"物联网"来得更加痛快。当然，不管是数字经济还是物联网，连同"供给侧结构性改革"和能够实现互利共赢的"一带一路"，都将成为中国经济第四个乃至第五个10年的新动能。

"数说"APP，真的让您心中有"数""说"而有据[01]

什么是"数说"APP

数字经济时代，数据（信息）真正变成了我们每个人的资产，而且是很重要的资产。然而，我们每个人在数据资产面前都面临一个共同的问题：一无所有。因为我们的信息、我们的数据存在银行、存在微信、存在淘宝、存在京东、存在美团、存在摩拜……存在我们应用的每一个平台、每一个APP里。这些数据其实都不是我们自己的，而是平台的。那么，我们自己的数据应该放在哪里？我们的数据能自己做主吗？我们的数据如何发挥作用？我们数据的价值在哪里？我们的数据能为我们干什么？您心中真的有数吗？

为了解决这些问题，"数说"APP应运而生。在这里个平台上，您能为您收集的数据安个家，并且是个安全不被泄露的家。能保障数据的安全而不被泄露。在这里，你您能以自己想要的方式展示自己数据（信息），而且还能见证自己数据的成长，真正做到心中有"数""说"而有据。

"数说"APP与其他APP最大区别

如果说现在的很多APP平台，主要体现了其信息化的产物特征——千人一面、界面固定的话，我们希望"数说"APP更能体现其大数据软件的特征——千人千面，张扬个性。在"数说"APP平台上，每个人可以使用平台提供的原材料，建设自己的家园，按照自己的想法设置展示界面；可以按照自己方法和目的，来加工自己所需的数据。

---

01 此文系贵州智源信息产业孵化基地有限公司技术总监徐晨博士在2017年5月27日贵阳数博会"数字时代 如何拓展经济发展新空间"论坛"数说"APP发布仪式的发言整理稿。

"数说"APP可以实现的功能有哪些

一是数据存储。我们可以在平台上将自己收集的信息数据安全地存储起来。二是数据分享。在平台上，我们可以共同分享大数据的最新资讯，分享各行各业使用大数据成功的案例，找到志同道合的朋友，或者、合作的伙伴，而且这种分享可以按照自己意愿进行，您可以将数据分享给特定对象，或者谁也不分享。三是协同办公。如果您是领导或者老板，在平台上，您可以在和团队成员进行讨论、分配工作任务，并将工作任务分配下属后，随时关注他（她）的工作进度，或者提醒他（她）团队成员完成某一项工作。尚未完成。四是自己动手设计。在平台上，您可以将把理论、方法做成工具进行实际操作，更重要的是，您还可以将自己无法解决的问题发布在平台上，在平台上寻求帮助。

"数说"APP 的数据安全保障

"数说"APP 平台将由北京北京易华录信息技术股份有限公司公司提供的"数据湖"，"数据湖"采用蓝光存储的方式将数据存储在光盘上，从硬件上解决了数据安全。由杭州云象公司提供区块链技术，为我们每一个人的数据提供全过程安全保障。

附录三

《贵州省数字经济发展规划（2017—2020 年）》摘录

2017 年 2 月 6 日，经贵州省人民政府同意，省大数据发展领导小组办公室正式印发了《贵州省数字经济发展规划（2017—2020 年）》（以下简称规划）。现将规划主要内容摘录如下：

规划分为"序言""发展基础和发展环境""总体要求""发展重点""重大工程""保障措施""组织实施"等七个部分，旨在为贵州省数字经济发展提供指导。

一、序言

序言总体概括了数字经济的科学内涵、国际国内经济发展形势，以及贵州发展数字经济的重要战略意义和现实意义。

1. 数字经济科学内涵概括

规划指出，数字经济是指以使用数字化的知识和信息作为关键生产要素、以现代信息网络作为重要载体、以信息网络技术的有效使用作为效率提升和经济结构优化的重要推动力的一系列经济活动。规划中的数字经济内涵与 2016 年 9 月二十国集团（G20）领导人杭州峰会《二十国集团数字经济发展与合作倡议》提出的数字经济内涵完全一致。

2. 世界经济形势总体判断

规划指出，世界经济正处于加速向以数字经济为重要内容的经济活动转变的过程中，国内外数字经济正处于密集创新期和高速增长期，发展迅速、创新活跃、辐射广泛。数据资源的爆发式、指数化增长及分析应用水平的持续提升，大数据、云计算、物联网、人工智能、虚拟现实等新兴数字技术的迅猛发展及与实体经济各行业领域的深度融合，正日益成为推动经济实现快速增长、包容性增长和可持续增长的强大驱动力量。

3. 贵州发展数字经济的重要战略意义和现实意义

规划指出，大力发展数字经济，是贵州省贯彻五大新发展理念、坚守发展与生态两条底线的重要举措，是培育经济社会发展新动能、推动实现历史性新跨越的战略选择，是实施大数据战略行动、建设国家大数据（贵州）综合试验区的重要方向。加快谋划和布局数字经济，发展数字经济主体产业，促进三次产业数字化融合，对贵州省实施创新驱动、加速转型升级、培植后发优势，走出一条有别于东部、不同于西部其他省份的发展新路，实现弯道取直、后发赶超、同步小康，具有十分重要的战略意义和现实意义。

二、贵州发展数字经济的基础和环境

本部分全面概括了贵州发展数字的基础条件、发展优势、存在问题及面临的挑战。

1. 发展基础

——数字网络基础：基础设施建设加快，关键网络能力明显提升

——数字产业基础：产业链条较为齐备，整体实力显著提升

——数字智力基础：人才环境加快优化，支撑作用明显增强

——数字应用基础：融合渗透深入广泛，转型升级步伐加快

2. 发展优势

——战略优势：国家大力支持，数字化发展态势逐渐形成

——资源优势：数据加速累积，应用模式和种类不断丰富

——环境优势：软硬生态良好，发展条件和氛围持续优化

——后发优势：发展速度加快，为数字经济融合发展提供了新空间

3. 存在问题

（1）信息基础设施建设水平滞后。虽然贵州省信息基础设施建设

实现长足进步，但与发达地区相比信息基础设施建设仍较薄弱，与数字经济发展需求相比尚存在较大差距。目前，贵州省信息化整体水平在全国排名第20位，数字生活指数排名全国第30位，处于靠后水平。2016年，贵州省网络普及率仅为39.8%，在全国排名第29位，信息网络覆盖面不广，资费较高，区域"数字鸿沟"明显。

（2）支撑发展的实体经济土壤较贫瘠。贵州省GDP总量规模偏小，2016年仅占全国的1.46%，位列全国第25位。实体经济不够发达，传统产业发展实力不强，服务业发展亟待创新，产业结构层次偏低，产业链条较短，市场主体小散弱状况比较严重，数字经济发展"土壤"缺乏。

（3）数字化技术和人才支撑严重不足。贵州省科研技术人员总体数量较少，专业技术人才缺口较大。2016年，全省研发人员总数为2.55万人，仅占全国总数的0.66%。2016年，作为全省数字经济发展主要基础的大数据及关联企业注册市场主体管理人才及专业人才缺口达到33000人，电子技术、通信、计算机、互联网、电子商务、大数据、人工智能、金融、经济与管理等方面人才尤其紧缺。

（4）数字经济创新创业环境亟待优化。贵州省创新创业等环境相对发达地区还存在一定差距，技术创新环境、发展基础环境、配套体制机制等还滞后于数字经济发展需求。

4. 面临挑战

——数字经济创新密集使得贵州省发展应对能力面临严峻考验

——应用市场尚未成熟使得数字经济发展幼稚阶段逾越艰难

——区域竞争日趋激烈使得贵州省自身资源极化效应尚不显著

三、未来几年贵州发展数字经济的总体要求

规划提出，贵州省数字经济发展的目标是：到2020年，探索形成具有数字经济时代鲜明特征的创新发展道路，信息技术在三次产业中加快融合应用，数字经济发展水平显著提高，数字经济增加值占地区

GDP的比重达到30%以上。

——打造全省经济发展新增长极。数字经济主体产业快速壮大,主体产业增加值年均增长20%以上。智能终端产品制造产值1000亿元,集成电路产值250亿元,电子材料与元器件产值达到250亿元,软件和信息服务业收入500亿元,通信服务业业务总量超过1500亿元。创建贵安数字经济国家级创新示范区,打造贵阳数字经济示范城市、遵义数字端产品制造集聚区,建成贵阳-遵义-贵安数字经济核心引领带和一批省级数字经济示范基地(园区),形成一批具有引领性的技术、产品、企业、行业。贵州成为西部重要的数字经济发展基地。

——创建全国数字经济融合试验区。数字经济贡献能力显著增强。数字经济对三次产业创新转型和结构升级的促进作用明显。互联网广泛应用,网络协同制造、智能生产、服务型制造、绿色制造模式广泛推行,全省两化融合发展总指数达到75。重点行业数字化研发设计工具普及率达到74%、关键工序数控化率达到58%。融合型、服务型数字经济加快发展,旅游、金融、电商、物流等行业向数字化、智慧化发展,能源互联网、智能制造等新兴模式快速发展,产业协同创新体系基本形成。数字经济成为全省加快转型升级的强大动力。

——创建全国数字经济惠民示范区。数字经济惠民水平大幅提升。全省信息化发展指数达到85,达到全国中上水平,网络普及率和数字生活指数排名显著提高。政务服务效率和智慧化水平大幅提升,行政审批和公共服务事项网上全流程办理率达到65%。高速光纤网络基本实现城乡全覆盖,城市和农村普遍提供20Mbps以上的接入服务能力,3G/4G网络全面覆盖城乡,满足城市和农村家庭依实际情况灵活选择多样化信息服务的带宽需求,城乡数字鸿沟加快缩小,精准扶贫数字化取得显著成效。数字经济发展带动新增就业岗位累计超过150万个,其中新增吸纳大学生就业累计80万人。数字经济成为全省民生改善的重要途径。

——打造全国数字经济创新新高地。信息基础设施水平和供给能力明显提升，网络安全保证能力明显提高，数字经济人才洼地初步形成，发展支撑性作用明显增强，形成适应数字经济发展的政策法规体系、标准规范体系、开放合作机制、创业创新体制机制、科技管理体制和良好营商环境。累计引进和培养10000名以上数字经济中高端人才，集聚30家以上以技术为核心、品牌为龙头、资本为纽带、跨地区跨行业的数字经济龙头骨干企业和200家以上创新力、竞争力强的数字经济"小巨人"企业、"独角兽"企业，孕育催生一批数字经济新兴业态。数字经济成为全省创新驱动发展的强劲引擎。

四、贵州发展数字经济的重点

规划指出，未来几年贵州发展数字经济的重点包括发展资源型数字经济、发展技术型数字经济、发展融合型数字经济和发展服务型数字经济。

1. 发展资源型数字经济，释放数据资源新价值

充分发挥贵州省大数据先行发展优势，持续增强数据这一战略性资源的集聚和利用效率，以数据采集、数据存储、数据分析挖掘、数据可视化、数据交换交易等业务为重点，加速发展数字资源型产业。

2. 发展技术型数字经济，打造信息产业新高地

把握数字技术变革趋势，增强核心数字技术创新能力，加快推进智能终端产品、软件开发、信息系统集成、网络通信服务、数字安全等领域产业发展，积极布局虚拟现实、可穿戴设备、人工智能等新兴前沿领域，以发展数字技术硬件产品研发制造、软件开发和技术服务、通信服务为重点，夯实数字经济发展的技术基础和产业基础。

3. 发展融合型数字经济，激发转型升级新动能

加快数字技术与一、二产业的融合应用，大力发展智能制造、数字农业、智慧能源等新型业态，促进产业资源优化配置，推动实体经济的数字化、智能化转型和提质增效，形成数字融合型经济新增长极。

4. 发展服务型数字经济，培育数字应用新业态

加快数字技术与服务业融合发展，积极培育数字化、网络化的现代服务产业新业态，着力提升服务水平和服务质量，再造数字消费"新蓝海"。支持与数字技术相融合的商业模式和产品服务创新，为新服务业态提供宽松包容的发展环境，探索建设服务型数字经济先行先试区。

五、贵州发展数字经济的重大工程

规划指出，未来几年贵州发展数字经济包括数字经济集聚发展工程、信息基础设施提升工程、数据资源汇聚融通工程、数字政府增效便民工程、企业数字化转型升级工程、民生服务数字化应用工程、新型数字消费推广工程、精准扶贫数字化工程、创新支撑载体打造工程和数字经济安全保障工程等十大工程。

1. 数字经济集聚发展工程

（1）统筹推动各区域特色化发展。引导和支持各区域发挥自身优势，实现特色发展、协同发展。各市州结合自身资源禀赋和经济社会发展需求，聚焦数字经济重点发展领域，因地制宜规划发展，聚集一批具有较强市场竞争力的龙头企业，汇聚一批具有较强发展潜力的创新型企业，形成有特色的数字经济发展集群。

（2）打造一批数字经济示范基地。结合各市（州）和重点园区数字经济发展需要和实际条件，坚持集聚化、特色化标准，建设以数字经济特色小镇、传统行业数字化转型发展示范园区和特色景区、数字经济创新孵化器和创新空间等为代表的一批数字经济发展示范基地。

2. 信息基础设施提升工程

主要包括提升骨干网络支撑能力、推动宽带网络基础升级、发展新型应用基础设施、构建新型数字网络体系等内容。

3. 数据资源汇聚融通工程

主要包括增强"云上贵州"数据集聚能力、部署推进政府数据采集、加快推动政府数据共享、有序推进政府数据开放、积极吸引数据资源入驻等内容。

4. 数字政府增效便民工程

（1）打造先进数字政府。推动数字技术与政府管理的广泛深度融合，优化政务业务流程，提升政府行政效能，实现高效透明的政府治理，使政府运行效率与数字经济的快速发展相匹配。2020年，政府数据及应用向"云上贵州"系统平台迁移，实现跨行业、跨部门、跨区域的数据共享和业务协同。

（2）打造便捷政务服务。建设全省一体化的政务服务体系，鼓励各部门建设专业政务服务平台。推进实体政务大厅和网上服务平台对接，提升实体政务大厅服务能力，形成线上线下功能互补、相辅相成的政务服务新模式。

5. 企业数字化转型升级工程

（1）加强企业生产执行数字化。鼓励企业加强生产装备、产品的联网监控，利用生产管理系统实现生产过程关键指标与生产工艺过程的结合分析应用，为优化生产管理提供依据，实现生产信息集成化、设备管理智能化、质量控制科学化、能耗指标精细化、管理评价多维化、绩效改善透明化的综合管理，提升生产效率和售后服务水平。到2020年，生产方式精细化、柔性化、智能化水平显著提升，关键工序数控化率达58%。

（2）促进企业资源配置数字化。支持有条件的企业实施ERP等数字化项目，实现物流、资金流、信息流、工作流集成，提高研发、制造、服务等环节协同水平，推进各项业务工作的高效化，依托先进管理理念结合数字化提升企业核心竞争力。鼓励企业利用互联网平台优化闲置资源配置，发展行业分享经济，提高资源利用效率。

（3）推进企业运营决策数字化。鼓励企业建设运营决策支撑系统，利用数据挖掘工具搭建智能分析与决策系统模型，进行多维差距分析，支持业务处理过程的优化和企业战略决策，实现产供销等业务的集成，促进企业管理水平提升。

（4）增强企业电子商务应用能力。引导企业深化电子商务应用，提高B2B、B2C、O2O等应用水平和能力，有效降低营销成本和交易成本，提升供应链协同效率，创新产品供给和客服交互模式。支持企业开展跨境电子商务，大力开拓国内外市场，借力互联网开拓新商机。

6. 民生服务数字化应用工程

重点包括推进医疗健康数字化应用、推进教育数字化应用、推进文化创意数字化应用、推进便捷交通数字化应用、推进社会保障服务数字化应用、推进劳动力就业培训数字化应用、推进社区服务数字化应用等内容。

7. 新型数字消费推广工程

重点包括促进智能终端产品消费、推进本地品质电商消费、推广数字文化体育消费、推广数字健康养老消费等内容。

8. 精准扶贫数字化工程

重点包括打造数字化精准扶贫体系、推动精准扶贫对象识别数字化、推动精准扶贫项目管理数字化、推进精准扶贫创新服务数字化、推进精准扶贫资源配置数字化等内容。

9. 创新支撑载体打造工程

重点包括建设技术研发创新平台、建设完善公共服务平台、建设创业创新支撑平台、建立多层次研发创新体系等内容。

10. 数字经济安全保障工程

重点包括建设数字经济安全保障体系、建立关键基础设施目录体系、提升重点领域安全保障能力、提升网络安全态势动态感知能力等内容。

六、贵州发展数字经济的保障措施

规划指出，通过建立数字经济法规规章体系，打造数字经济政策体系，建立数字经济政策监管机制，探索建立数字经济统计指标体系，构建创新管理体系；通过加大财政资金支持力度，落实税收优惠政策，构建新型投资融资体制，健全财税投融资机制；通过加快建立标准体系，强化知识产权战略，完善科技创新激励机制，夯实创新支撑能力；通过健全市场发展机制，积极发展服务外包，促进供给与市场需求对接，大力培育市场需求；通过强化本地人才培养，探索跨界联合培养制度，充分借力全球智力资源，加强数字经济科普宣传，加强数字智力建设；通过积极开展部省合作，切实加强区域合作，全力推动政产学研用合作，建立国内合作机制；通过积极参与数字经济国际交流合作，推动数字经济业务领域国际合作，强化数字经济国际合作支撑能力，拓展国际合作空间。

七、贵州发展数字经济的组织实施

规划指出，贵州省大数据发展领导小组作为全省数字经济发展领导机构，统筹推进大数据和数字经济发展。省大数据发展管理局（省大数据发展领导小组办公室）作为具体牵头单位，要进一步健全完善数字经济统筹推进机制，加强综合协调和督促落实，确保规划确定的各项目标任务顺利完成。

积极组织开展数字经济试点示范，支持现有优势产业集聚区将发展数字经济作为重点方向，充分发挥资源优势，先行先试，积极开展数字经济创新政策试点，探索适应数字经济特点的政策措施，推动数字经济生态体系打造，建立一批体制机制完善、产业要素齐备、辐射带动力强的数字经济示范基地。

制定科学具体的评估方案和评估指标体系，对规划执行情况进行跟踪分析，协调解决规划实施中的新情况新问题。建立项目建设推进机制，分批次发布和实施数字经济重大项目。探索建立数字经济统计体系，加强运行监测，将数字经济工作推进情况纳入年度目标绩效考核重要内容。

后记

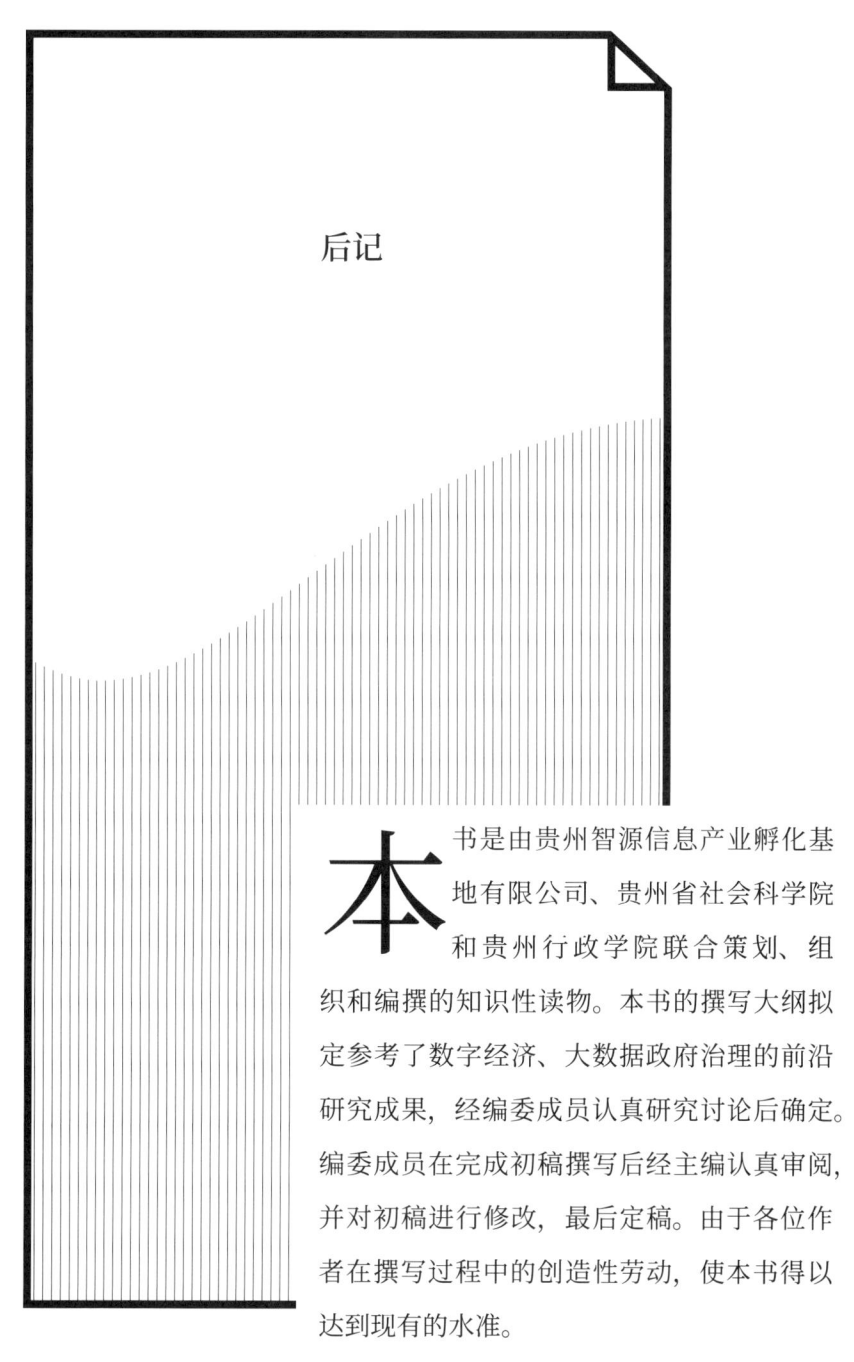

本书是由贵州智源信息产业孵化基地有限公司、贵州省社会科学院和贵州行政学院联合策划、组织和编撰的知识性读物。本书的撰写大纲拟定参考了数字经济、大数据政府治理的前沿研究成果，经编委成员认真研究讨论后确定。编委成员在完成初稿撰写后经主编认真审阅，并对初稿进行修改，最后定稿。由于各位作者在撰写过程中的创造性劳动，使本书得以达到现有的水准。

虽然，主编及编委成员已经尽最大努力认真细致地进行构思、撰写和统稿，但由于知识、学术水平和时间的限制，本书不免有许多缺失和疏漏之处，我们真诚地希望专家学者以及广大读者不吝赐教并给予批评指正。

我们要感谢贵州省大数据发展管理局、贵阳市大数据发展管理委员会、贵阳市乌当区人民政府、贵州大学贵阳创新驱动发展战略研究院、贵州省社会科学院区域经济研究所、贵州行政学院科学社会主义教研部、贵州省社会科学院"大数据治理学"重点学科、贵州省社会科学院财税研究中心数字经济应用研究实验室、贵州省社会科学院大数据政策法律创新研究中心、北京易华录信息技术股份有限公司、易华录投资管理有限公司、贵州智源信息产业孵化基地有限公司给予本书撰写工作的支持。同时感谢经济日报出版社给予的帮助。此外，为撰写本书，我们参考引证了大量的研究文献和资料，如果没有这些研究成果和资料的启示，本书难以达到现有的水平。在这里，我们谨向学术界的各位同仁表达真诚的谢意。

编委会

2017 年 4 月 28 日于贵阳

图书在版编目（CIP）数据

数字经济：新经济　新治理　新发展/徐晨，吴大华，唐兴伦主编. -- 北京：经济日报出版社，2017.5
ISBN 978-7-5196-0133-1

Ⅰ.①数… Ⅱ.①徐…②吴…③唐… Ⅲ.①信息经济－研究－中国 Ⅳ.①F492

中国版本图书馆CIP数据核字（2017）第090498号

数字经济：新经济　新治理　新发展

主　　编	徐晨　吴大华　唐兴伦
责任编辑	肖小琴　向倩兰
责任校对	郭明骏
出版发行	经济日报出版社
地　　址	北京市西城区白纸坊东街2号（邮政编码：100054）
电　　话	010-63584556（编辑部）63516959（发行部）
网　　址	www.edpbook.com.cn
E-mail	edpbook@126.com
经　　销	全国新华书店
印　　刷	中国电影出版社印刷厂
开　　本	710×1000mm 1/16
字　　数	210千
印　　张	16.5
版　　次	2017年5月第一版
印　　次	2017年7月第二次印刷
书　　号	ISBN 978-7-5196-0133-1
定　　价	78.00元

版权所有　盗版必究　印装有误　负责调换